PRINCIPLES OF ECONOMICS

# 제7판 버냉키 프랭크 경제학
# 연습문제 해답

Ben S. Bernanke · Robert H. Frank 공저

곽노선 · 왕규호 공역

McGraw Hill

박영사

# IRCD Principles of Economics Brief Edition

3  4  5  6  7  8  9  10  PYS    20  20

1. Original: IRCD Principles of Economics Brief Edition © 2009
        By Robert Frank
        ISBN 978-0-07-728730-6

This authorized Korean translation edition is jointly published by McGraw-Hill Education Korea, Ltd. and Pakyoungsa. This edition is authorized for sale in the Republic of Korea

This book is exclusively distributed by Pakyoungsa.

**When ordering this title, please use ISBN 979-11-303-0972-9**


**Printed in Korea**

PRINCIPLES OF ECONOMICS

제7판 버냉키 프랭크 **경제학**
# 연습문제 해답

Ben S. Bernanke · Robert H. Frank 공저

곽노선 · 왕규호 공역

McGraw Hill

박영사

[역자 소개]

**곽노선**
서울대학교 경제학과 졸업
서울대학교 대학원 경제학 석사
미국 로체스터(Rochester)대학교 경제학 박사
현) 서강대학교 경제학과 교수
이메일: kwark@sogang.ac.kr

**왕규호**
서울대학교 경제학과 졸업
미국 스탠포드(Standford)대학교 경제학 석사
미국 스탠포드(Standford)대학교 경제학 박사
현) 서강대학교 경제학과 교수
이메일: ghwang@sogang.ac.kr

제7판

버냉키·프랭크 경제학 연습문제 해답

**인쇄일** | 2020년 4월 8일
**발행일** | 2020년 4월 15일

**공저자** | Ben S. Bernanke · Robert H. Frank
**공역자** | 곽노선 · 왕규호

**발행인** | 안종만 · 안상준
**발행처** | (주) **박영사**
　　　　서울특별시 종로구 새문안로3길 36, 1601
　　　　등록 1959. 3. 11. 제300-1959-1호(倫)
**전　화** | 02)733-6771
**팩　스** | 02)736-4818
**이 메 일** | pys@pybook.co.kr
**홈페이지** | www.pybook.co.kr

정　가　　12,000원　　　ISBN　979-11-303-0972-9 (93320)

# 차례

# 제 1 장

# 경제학자처럼 생각하기

★ 표시된 문제는 다소 어려운 문제임.

## 복습문제

**01** 그 친구가 말하고자 하는 것은 아마도 그룹 레슨보다는 개인 레슨을 받는 것이 테니스 실력을 더 빨리 키우는 데 도움이 된다는 것이다. 그러나 개인 레슨은 그룹 레슨보다 비용이 더 많이 든다. 테니스 실력을 꼭 빨리 향상시키지 않아도 되는 사람들은 비용이 적게 드는 그룹 레슨을 선택하고, 남는 돈을 다른 것에 사용하는 것이 더 나을 수 있다.

**02** 시내에 다녀올 것인지에 대한 결정은 그 비용이 $30보다 더 큰지 작은지에 의존하지, 전체 가격에서 $30가 차지하는 비율에는 의존하지 않는다. 그러므로 거짓이다.

**03** 영화 티켓 값 $10는 사람들이 실제로 지불하는 비용이므로 영화를 봄으로써 포기해야 하는 아르바이트 수입보다 더 직접적인 비용으로 느껴질 수 있다. 홈스가 간파했듯이, 개가 짖지 않는 것보다 짖는 것이 훨씬 알아채기 용이한 것처럼, 실제 지불하는 비용이 그렇지 않은 비용보다 더 크게 느껴질 수 있다.

**04** 한 여행에 항공 마일리지 무료 쿠폰을 사용하면, 다른 여행에 사용할 기회를 상실하는 것을 의미한다. 즉, 기회비용이 0이 아니라는 의미이다. 항공 마일리지 무료 쿠폰을 공짜라고 생각하면 비용이 편익을 초과하는 여행을 할 가능성이 높아진다.

**05** 등록금이 환불불가이면 매몰비용이다. 그러나 특정 시점 이전까지 환불 가능하면 그 시점 이전까지는 매몰비용이 아니다. 그러나 그 이후 시점에는 매몰비용이 된다.

01 세차의 편익이 $6이고 비용이 $3.5이므로, 경제적 잉여는 $2.5이다.

02 복합비료 1파운드를 뿌릴 경우 증가하는 토마토 생산으로부터 발생하는 추가적인 수입이 한계편익이다. 복합비료 1파운드를 더 뿌리는 한계비용은 50센트이다. 표를 보면 복합비료를 4파운드째 뿌릴 때 토마토 생산은 128에서 130으로 증가하므로, 수입은 2 × 30센트 = 60센트 증가한다. 이는 한계비용보다 크다. 그러나 5파운드째 뿌릴 때 토마토 생산은 1개 더 증가하므로 수입은 30센트 증가한다. 이는 한계비용보다 작다. 따라서 가장 많은 소득을 올리려면 복합비료 4파운드를 사용해야 한다.

| 복합비료양 | 0 | 1 | 2 | 3 | 4 | 5 | 6 |
|---|---|---|---|---|---|---|---|
| 토마토의 양 | 100 | 120 | 125 | 128 | 130 | 131 | 131.5 |
| 한계편익 | | 600 | 150 | 90 | 60 | 30 | 15 |

★
03 여러분이 이미 예매소에서 야구 티켓을 샀으면, $30는 매몰비용이다. 설사 게임을 보러 가지 않는다 하더라도 회수할 수 없는 금액이다. 눈보라가 부는 상황에서 여러분이 게임을 보러 갈 것인지는 게임을 봄으로써 얻는 편익과 그 게임을 보기 위해 지불해야 하는, 티켓 값을 제외한 추가적인 비용, 예를 들어 눈보라 속의 운전비용을 비교해 결정한다. 비용에 티켓 비용을 포함시키면 안 된다. 반면에 조는 아직 티켓을 구매하지 않았으므로 티켓 값인 $25를 비용에 포함시켜야 한다. 두 사람의 선호가 동일하므로 게임 관람으로부터의 편익은 동일하다. 반면에 비용 측면에서 조가 여러분보다 $25 더 높다. 그러므로 여러분이 조보다 야구 게임을 보러갈 가능성이 더 높다.

04 톰이 $200를 투자해 버섯을 더 심었다면 1년 후에 버섯을 팔아 $400를 벌 수 있다. 그러므로 딕이 톰에게 $200를 빌리려면 1년 후에 $400를 갚아야 한다. 따라서 이자로 $200를 지불해야 한다.

**05** 마지막 몇 초를 1번 문제와 2번 문제에 사용할 때의 한계편익은 각각 4점과 10점이다. 현재 1번 문제로부터 얻은 점수가 더 크다. 그러나 마지막 몇 초를 1번 대신 2번 문제에 사용하면, 1번 문제에서 4점이 감점되지만 2번 문제에서 10점이 증가한다. 따라서 2번 문제에 더 많은 시간을 사용해야 한다.

**06** 비용 – 편익의 원리에 의하면 두 사람 모두 동일한 선택을 해야 한다. 선호가 동일하므로 연극 관람의 편익은 동일하다. 또한 두 사람 모두 연극 티켓을 구입하는데 지불해야 하는 비용도 동일하기 때문이다. 많은 사람들이 연극 티켓을 잃어버리면 연극 관람 비용이 $20라고 생각하지만, 금전적인 측면에서는 연극 티켓을 잃어버린 것과 $10 지폐를 잃어버린 것은 동일하다. 두 경우 모두 기준은 연극을 보기 위해 $10를 지불할 용의가 있는가 하는 것이다. 있으면 보는 것이, 없으면 보지 않는 것이 합리적인 선택이다.

**07** 주당 $6를 지불하면 쓰레기봉투를 얼마든지 버릴 수 있으므로, 쓰레기봉투 한 개를 더 버리는 것의 한계비용은 0이다. 반면에 태그 제도는 쓰레기봉투 한 개를 더 버릴 때 한계비용은 $2이다. 태그 제도의 한계비용이 더 크므로 태그 제도에서 버려지는 쓰레기봉투의 양이 더 작을 것이라고 예상할 수 있다.

**08** 스미스의 집은 각각의 자녀가 자신이 콜라를 마시지 않으면 다른 아이가 마실 것이라는 것을 알고 있다. 즉, 빨리 마시지 않을 것의 비용이 크다. 그러므로 각 자녀들은 빨리 콜라를 마셔버림으로써 다른 아이가 자신의 몫까지 마시지 못하도록 할 유인이 있다. 반면에 존스의 집은 각각의 자녀가 세 캔 이상 못 마시도록 함으로써 빨리 마시고자 하는 유인을 제거하고 있다. 즉, 빨리 마시지 않는 것의 비용이 스미스의 집보다 작다. 그러므로 존스의 집 아이들이 보다 천천히 잘 음미하면서 콜라를 마실 것이다.

★
**09** 7분 통화하면 두 요금제도하에서 요금은 70센트로 동일하다. 그러나 7분 이상 통화 시 새로운 요금제도의 한계비용은 분당 2센트인 반면에, 현재 요금제도의 한계비용은 분당 10센트이다. 두 요금제도 하에서 전화통화로 인한 편익은 동일하므로, 새로운 요금제도하에서 톰의 통화 시간은 증가할 것이라고 예측할 수 있다.

**10** A 대학은 식대로 지불한 금액은 매몰비용이다. 따라서 학생들은 추가적인 음식 1파운드의 한계편익이 0이 될 때까지 먹는다. 반면에 B 대학은 음식 1파운드의 한계비용은 $2이다. 따라서 한계편익이 $2가 될 때까지 먹는다. 그러므로 A 대학의 평균적인 음식 소비량이 더 클 것이라고 예측할 수 있다.

# 제2장

비교우위

## 복습문제

**01** 한 사람이 다른 사람보다 특정 재화나 서비스를 생산하는 기회비용이 낮으면 비교우위를 가진다고 말한다. 반면에 동일한 자원을 이용해 더 많은 양을 생산하면 절대우위를 가진다고 말한다.

**02** 영어가 국제 공용어로 자리 잡게 됨에 따라 미국에서 만들어진 영화, 책, 팝 음악들에 대한 국제적 수요가 증가하게 되었다. 같은 영어권이라도 미국 시장이 영국, 캐나다, 혹은 호주 시장보다 더 크기 때문에 미국이 추가적인 우위를 가진다.

**03** 특화하지 않는다는 것은 비교우위의 원리를 이용해 부를 더 창출할 수 있는 기회를 활용하고 있지 않다는 것을 의미한다. 부자들이 자신들이 소비하는 대부분의 재화를 다른 사람들로부터 구매하는 것은 자신들이 이들 재화를 생산하지 못해서가 아니라, 그렇게 하는 것이 기회비용이 낮기 때문이다.

**04** 근로시간이 단축되면 그만큼 생산에 사용될 수 있는 자원의 양이 감소하므로, 생산가능곡선은 안쪽으로 이동한다.

**05** 노동생산성을 향상시키는 기술혁신은 동일한 노동시간으로 생산할 수 있는 양을 증가시키므로, 생산가능곡선은 바깥쪽으로 이동한다.

01 톰이 차 광택과 세차 모두 절대우위를 가진다. 그러나 기회비용으로 보면, 테드는 차 광택에, 톰은 세차에 비교우위를 가진다.

|  | 차 광택 | 세차 |
|---|---|---|
| 테드 | 20분 | 60분 |
| 톰 | 15분 | 30분 |

〈테드와 톰의 생산성〉

|  | 차 광택 | 세차 |
|---|---|---|
| 테드 | 1 / 3대 | 3대 |
| 톰 | 1 / 2대 | 2대 |

〈테드와 톰의 기회비용〉

02 톰이 차 광택과 세차 모두 절대우위를 가진다. 그러나 기회비용으로 보면, 테드는 차 광택에, 톰은 세차에 비교우위를 가진다.

|  | 차 광택 | 세차 |
|---|---|---|
| 테드 | 4대 | 12대 |
| 톰 | 3대 | 6대 |

〈테드와 톰의 생산성〉

|  | 차 광택 | 세차 |
|---|---|---|
| 테드 | 1 / 3대 | 3대 |
| 톰 | 1 / 2대 | 2대 |

〈테드와 톰의 기회비용〉

03 낸시가 빌보다 클러치를 더 빨리 교환할 수 있으므로, 낸시가 클러치에 대해 절대우위를 가진다. 브레이크는 두 사람 모두 걸리는 시간이 동일하므로, 아무도 절대우위를 갖지 못한다. 위의 표를 보면 낸시는 클러치에, 빌은 브레이크에 비교우위를 가진다.

|  | 클러치 | 브레이크 |
|---|---|---|
| 낸시 | 4시간 | 2시간 |
| 빌 | 6시간 | 2시간 |

〈낸시와 빌의 생산성〉

|  | 클러치 | 브레이크 |
|---|---|---|
| 낸시 | 2 | 1 / 2 |
| 빌 | 3 | 1 / 3 |

〈낸시와 빌의 기회비용〉

**04**  a. 헬렌이 옷만 만든다면 (4벌 / 시간) × 8시간 = 32벌, 빵만 굽는다면 (8덩어리 / 시간) × 8시간 = 64덩어리를 만들 수 있다. 따라서 헬렌의 생산가능곡선은 아래와 같다. $x$를 빵, $y$를 옷으로 표시하면 생산가능곡선은 $x + 2y = 64$이다. 생산가능곡선의 기울기(절대값)는 $32 / 64 = 1 / 2$이다. 이는 빵 한 덩어리를 더 굽기 위해 포기해야 하는 옷의 양을 나타낸다.

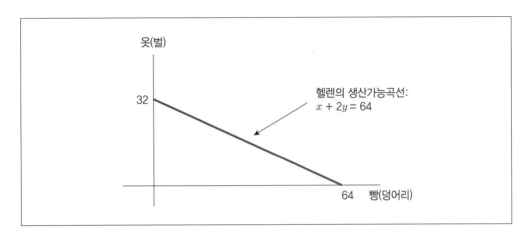

b. $x + 2y \leq 64$이면 달성 가능한 점, $x + 2y > 64$이면 달성 불가능한 점, $x + 2y = 64$이면 효율적인 점이다.

옷 28벌, 빵 16덩어리: 달성 불가능한 점
옷 16벌, 빵 32덩어리: 달성 가능하고, 효율적인 점
옷 18벌, 빵 24덩어리: 달성 가능하고, 비효율적인 점

**05**  a. 시간당 옷 8벌을 만들 수 있게 되면, 만들 수 있는 최대한의 옷의 양은 (8벌 / 시간) × 8시간 = 64벌이다. 빵의 양은 변화가 없다. 따라서 헬렌의 새로운 생산가능곡선은 $x + y = 64$이다. 이를 그림으로 그리면 다음과 같다.

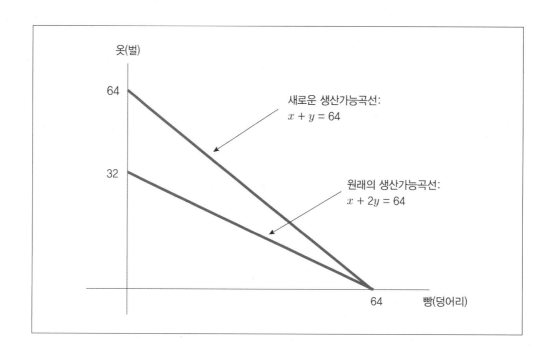

b. 옷 18벌, 빵 48덩어리: 달성 불가능한 점

  옷 24벌, 빵 16덩어리: 달성 가능하고, 비효율적인 점

c. 옷의 생산성만 향상됐고 빵의 생산성은 변화가 없으므로, 생산가능곡선은 (64, 0)을 중심으로 시계방향으로 회전한다. 옷의 생산성만 증가했지만, 위의 그림에서 보다시피 빵 생산량도 이전보다 더 증가했음을 알 수 있다.

06  a. 커피: (4파운드 / 시간 ) × 6시간(수잔) + (2파운드 / 시간) × 6시간(톰) = 36파운드.

  잣: (2파운드 / 시간) × 6시간(수잔) + (4파운드 / 시간) × 6시간(톰) = 36파운드.

b. 잣으로 표시한 커피의 기회비용이 수잔은 1 / 2, 톰은 2이다. 따라서 기회비용이 낮은 수잔이 먼저 커피를 생산해야 한다. 커피 8파운드를 생산하려면, 수잔이 2시간을 커피 생산하는 데 사용하면 된다. 이 때 생산할 수 있는 잣의 양은 (2파운드 / 시간) × 4시간 (수잔) + (4파운드 / 시간) × 6시간(톰) = 32파운드이다.

c. 수잔이 커피생산에 비교우위가 있으므로, 커피 생산에 먼저 투입되어야 한다. 수잔이 커피 20파운드를 생산하려면 5시간을 커피생산에 사용해야 한다. 나머지 1시간으로 수잔은 잣 2파운드를 생산할 수 있다. 톰이 6시간을 잣 생산에 사용하면 잣 24파운드를 생산할 수 있다. 두 사람의 잣 생산을 합치면 26파운드이다. 따라서 수잔과 톰이 합쳐 하루에 잣 26파운드와 커피 20파운드를 생산할 수 있다. 수잔이 커피 20파운드와 잣 2파운드, 톰이 잣 24파운드를 생산한다.

d. 수잔이 커피생산에 비교우위가 있으므로, 커피 생산에 먼저 투입되어야 한다. 수잔은 6시간을 커피생산에 사용하면 커피 24파운드를 생산할 수 있다. 톰은 시간당 2파운드의 커피를 생산하므로, 남은 6파운드의 커피를 생산하려면 3시간을 사용해야 한다. 나머지 3시간으로 톰은 잣 12파운드를 생산할 수 있다. 따라서 달성 가능하며, 효율적이다.

e. 두 사람으로 이루어진 2인 경제의 생산가능곡선은 다음과 같다. a부터 d까지의 점이 표시되어 있다.

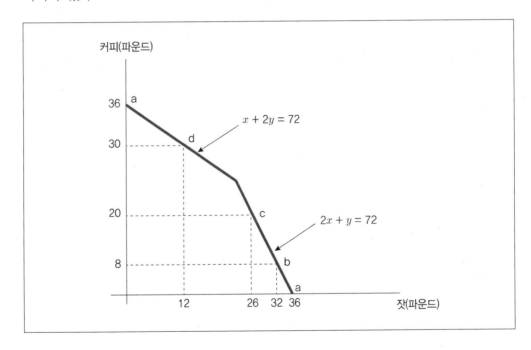

**07**　a. 수잔은 커피에, 톰은 잣에 비교우위가 있으므로 각자 비교우위가 있는 재화에 특화하면 수잔은 하루 커피 24파운드, 톰은 잣 24파운드를 생산한다. 두 재화의 가격이 동일하게 파운드당 \$2이므로, 두 사람은 각각 24파운드 × \$2 = \$48를 번다. 따라서 두 사람이 버는 금액을 합하면 \$96이다.

　　b. \$96로 살 수 있는 최대한의 커피 양은 96 ÷ 2 = 48파운드이다. 잣도 마찬가지로 48파운드이다. 커피 8파운드의 가격은 \$16, 잣 40파운드의 가격은 \$80이다. 따라서 필요한 금액은 \$96이다. 두 사람이 벌 수 있는 금액이 \$96이므로, 두 사람이 하루에 커피 8파운드, 잣 40파운드를 소비할 수 있다.

　　c. 소비가능곡선은 $x + y = 48\,(2x + 2y = 96)$이다.

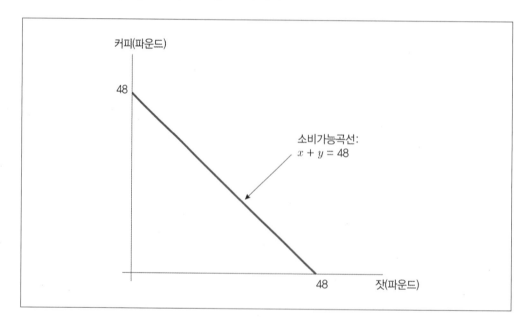

# 제3장 수요와 공급

## 복습문제

**01** 수평적 해석은 주어진 가격에서 수요량을 찾는 것이다. 수직적 해석은 주어진 수요량에서 수요곡선의 높이를 찾는 것으로, 이 높이는 한계구매자의 그 재화에 대한 유보가격을 의미한다.

**02** 한 재화의 균형가격은 수요곡선과 공급곡선이 교차하는 곳에서 결정된다. 생산비용을 안다는 것은 공급곡선을 안다는 것과 동일하다. 그러나 수요곡선을 알지 못하면 시장가격을 예측할 수 없다.

**03** 가격이 균형가격까지 상승하지 못하도록 하는 휘발유 가격에 대한 규제가 실행되었다면, 휘발유를 넣기 위해 차들이 길게 줄을 서는 것 같은 초과수요의 여러 징후를 관측할 수 있다.

**04** 수요의 변화는 가격 이외의 다른 요인의 변화로 인해 수요곡선 자체가 이동하는 것이다. 반면에 수요량의 변화는 가격의 변화로 인해 수요곡선상을 따라 이동하는 것이다.

**05** 복잡한 극장에서 각 개인이 더 잘 보기 위해 일어서기 시작하면, 모든 사람들이 다 일어선다. 그러나 서서 보는 것보다 앉아서 보는 것이 모든 사람들에게 더 낫다.

01  a. 이는 더 나은 기술발전에 해당한다. 동일한 양의 생산요소로 더 많은 양을 생산할 수 있으므로, 공급곡선은 오른쪽으로 이동한다.

   b. 비료는 생산요소에 해당한다. 생산요소의 가격하락은 공급곡선을 오른쪽으로 이동시킨다.

   c. 세금 감면으로 인해 농사를 지으면 이전보다 더 큰 이익을 얻을 수 있다. 따라서 새로 농사를 짓는 사람들이 증가할 것이므로, 공급곡선은 오른쪽으로 이동한다.

   d. 회오리바람으로 인해 수확량이 감소하므로, 공급곡선은 왼쪽으로 이동한다.

02  a. 일반적으로 휴가는 대부분의 사람에게 정상재이므로 수요곡선은 오른쪽으로 이동한다.

   b. 페퍼로니는 피자의 원료로 사용되므로 사람들이 피자를 덜 먹을 것이다. 따라서 피자의 수요곡선은 왼쪽으로 이동한다.

   c. 대체재의 가격이 상승하므로, 가솔린 차의 수요곡선은 오른쪽으로 이동한다.

   d. 수요곡선 자체는 이동하지 않는다. 수요곡선을 따라 수요량이 감소한다.

03  UFO를 보고자 하는 사람들 때문에 망원경의 수요가 증가해 균형거래량이 증가한다. 그러나 공급곡선 자체는 이동하지 않는다. 왜냐하면 UFO를 더 보고자 하더라도, 망원경의 생산에 영향을 미치는 요인은 변하지 않기 때문이다.

04  a. 세탁기와 빨래 건조기: 보완재

b. 테니스 라켓과 테니스 공: 보완재

c. 생일케익과 생일 양초: 보완재

d. 천 기저귀와 종이 기저귀: 대체재

05  출생률의 증가는 인구의 증가를 의미하며, 이는 토지에 대한 잠재적 수요자의 증가를 뜻한다. 따라서 토지의 수요곡선이 오른쪽으로 이동하며, 그 결과 토지의 균형가격은 증가한다.

06  닭의 사육비용이 증가하면 닭의 공급곡선이 왼쪽으로 이동해 닭 가격이 상승한다. 닭고기와 쇠고기는 대체재이므로, 닭의 가격이 상승하면 쇠고기의 수요가 증가해 쇠고기의 수요곡선은 오른쪽으로 이동한다. 따라서 쇠고기의 균형가격과 균형거래량 모두 상승한다.

07  자동차 보험과 자동차는 보완재이다. 따라서 자동차 보험료의 상승은 자동차의 수요곡선을 왼쪽으로 이동시킨다. 따라서 새 차의 균형가격과 거래량은 하락한다.

08  a. 오렌지 주스의 수요가 늘어나 오렌지 수요도 증가한다. 수요곡선이 오른쪽으로 이동하므로 균형가격과 거래량 모두 증가한다.

b. 자몽은 오렌지의 대체재이므로 자몽 가격의 하락으로 오렌지 수요는 감소한다. 수요곡선이 왼쪽으로 이동하므로 균형가격과 거래량 모두 감소한다.

c. 공급곡선이 왼쪽으로 이동하므로 균형가격은 증가하고 거래량은 감소한다.

d. 공급곡선이 오른쪽으로 이동하므로 균형가격은 감소하고 거래량은 증가한다.

09 광우병의 발견은 쇠고기에 대한 수요를 감소시키고, 일부 수요는 닭으로 전환된다. 따라서 광우병의 발견으로 인해 닭의 수요곡선은 오른쪽으로 이동한다. 또한 신종 병아리 품종의 개발로 인해 닭의 공급곡선은 오른쪽으로 이동한다. 따라서 균형거래량은 반드시 증가한다. 그러나 수요와 공급곡선의 상대적 이동 폭에 따라서 균형가격은 상승할 수도, 하락할 수도 있다.

10 이전과 비교해 오늘날 두부는 고단백질 식품으로 인기를 끌고 있다. 이는 이전보다 두부의 수요곡선이 오른쪽으로 이동했음을 의미한다. 또한 이전과 달리 두부 생산기술도 현대화되고, 대규모 두부 공장도 생겼다는 것은 이전보다 공급곡선이 오른쪽으로 이동했음을 의미한다. 따라서 이전과 비교해 현재의 두부 판매량은 증가했다고 예측할 수 있다. 그러나 수요와 공급곡선의 상대적 이동 폭에 따라 두부 가격은 상승할 수도, 하락할 수도 있다.

# 제4장 탄력성

## 복습문제

01 가격의 변화는 수요량에 두 가지 방식으로 영향을 미친다. 첫째, 다른 대체재와 비교해 상대적인 가격이 변한다(대체효과). 둘째, 소비자의 구매력에 영향을 미친다(소득효과). 한 재화가 소득에서 차지하는 비중이 클수록 가격 변화가 구매력에 미치는 영향이 크다.

02 선형수요곡선상의 한 점에서 수요의 가격탄력성은 그 점에서의 (가격 / 수량) 비율에 수요곡선의 기울기(절대값)의 역수를 곱한 것이다. 선형수요곡선의 기울기는 일정하다. 그러나 수요곡선을 따라 가격이 하락할 때 수요량은 증가하므로, (가격 / 수량)의 비율은 감소한다. 따라서 수요의 가격탄력성도 하락한다.

03 수요의 가격탄력성이 1보다 클 경우, 즉 탄력적이면 가격이 상승할 때 수요량은 가격의 상승폭보다 더 많이 감소하므로 총지출이 감소한다.

04 수요곡선은 우하향하기 때문에 수요의 가격탄력성의 부호는 항상 ( − )(부호 조정하기 전)이다. 따라서 가격탄력성의 부호가 유용한 정보를 제공하지 못한다. 반면에 교차탄력성은 부호가 두 재화 간의 관계(대체재 혹은 보완재)에 대한 정보를 제공하기 때문에 부호에 주의를 기울인다.

05 가격이 증가할 때 공급을 늘리려면 생산요소의 구매량을 증가시켜야 한다. 이 과정은 많은 시간을 필요로 한다. 기업들이 추가적인 비용을 지불해야 이 과정을 단축시킬 수 있다. 또한 장기에서는 단기에서보다 더 저렴한 생산요소로 전환할 수 있다.

01  대체재의 숫자가 많을수록 한 재화의 수요의 가격탄력성은 커진다. 자동차를 오토바이나 자전거로 대체하는 것보다 쉐비를 포드나 토요타로 대체하는 것이 더 용이하다. 따라서 자동차 전체의 수요의 탄력성은 쉐비와 같은 특정 브랜드의 수요의 가격탄력성보다 작다.

02  소득이 클수록 특정 재화에 대한 지출이 소득에서 차지하는 비율은 작아진다. 따라서 수요의 가격탄력성이 작다. 회사의 고위 간부가 세 집단 가운데 소득이 가장 높으므로 전문 경영인 연합의 회원권 수요의 가격탄력성이 가장 낮을 것이다. 학생들의 경우 소득이 낮으므로, 수요의 가격탄력성은 세 집단 가운데 가장 클 것이다.

03  수요곡선의 기울기는 (−1)로 일정하다. 따라서 한 점에서 수요의 가격탄력성은 그 점에서의 (가격 / 수량) 비율($P/Q$)과 동일하다. 따라서 각 점에서의 수요의 가격탄력성은 다음과 같다.

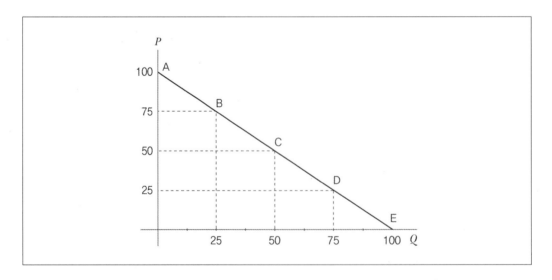

| A | B | C | D | E |
|---|---|---|---|---|
| 무한대 | 3 | 1 | 1 / 3 | 0 |

**04** 수요의 가격탄력성이 1이 되는 $P = 6$일 때 $Q = 3$인 경우 총수입은 18로 극대화된다.(수요곡선의 기울기는 $-2$로 일정하다. 따라서 수요곡선의 식은 $Q = (12 - P)/2$이다. 가격이 $P$일 때 총수입은 $E = P(12 - P)/2$이다. 총수입은 $P$의 2차함수로, $P = 6$에서 극대화된다.)

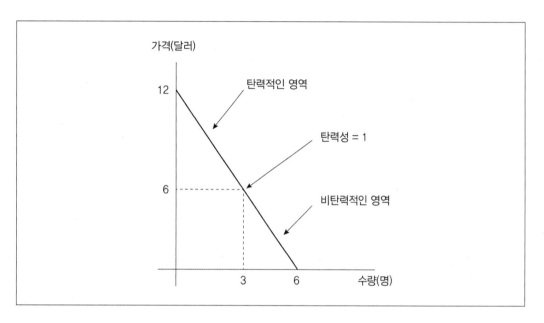

**05**

| 베이글 가격 | 6 | 5 | 4 | 3 | 2 | 1 | 0 |
|---|---|---|---|---|---|---|---|
| 판매량 | 0 | 3,000 | 6,000 | 9,000 | 12,000 | 15,000 | 18,000 |

a. 표를 보면 가격이 \$1 증가할 때마다 수요량은 3,000개씩 감소함을 알 수 있다. 따라서 기울기가 일정하므로 수요곡선은 선형임을 알 수 있다. 수요곡선을 그리면 다음과 같다:

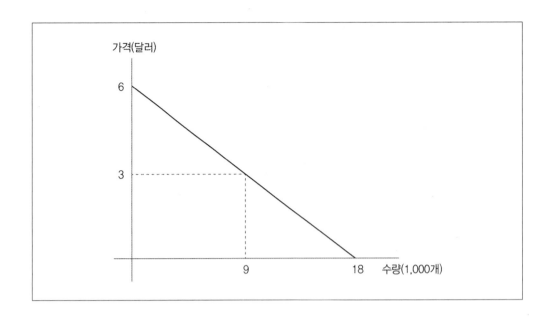

b. 수요곡선의 기울기는 $-(1/3)$로 일정하다. $P = 4$일 경우 $Q = 6$이므로 가격탄력성은 $(4/6) \times 3 = 2$이다.

c. $P = 4$일 때 $Q = 6$이므로 총수입은 $E = 4 \times 6 = 24$이다. $P = 5$일 때 $Q = 3$이므로 $E = 18$이다. 따라서 총수입은 6만큼 감소한다.

d. $P = 1$일 때 $Q = 15$이므로 가격탄력성은 $(1/15) \times 3 = 1/5$이다.

e. $P = 1$일 때 $Q = 15$이므로 $E = 15$이다. $P = 2$일 때 $Q = 12$이므로 $E = 24$이다. 따라서 총수입은 9만큼 증가한다.

★
06 수요곡선이 직선이고 기울기는 $-(6/10) = -(1/3)$이다. A점에서 $P = 4$, $Q = 6$이므로, 수요의 가격탄력성은 $(4/6) \times 3 = 2$이다. A점에서 수요의 가격탄력성이 2이므로 가격이 1% 증가하면 수요량은 2% 감소한다. 따라서 가격이 1% 증가하면 총지출은 $(1.01P) \times (0.98Q)$, 약 $0.99P \times Q$가 되어 이전보다 약 1% 정도 감소한다.

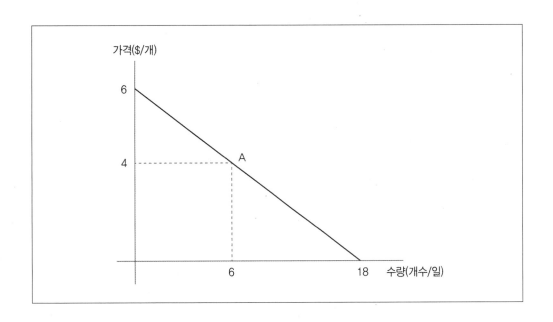

★
**07** 정부 관료가 생각하지 못한 것은 사람들이 전기 자체가 아니라 냉방과 같은 다른 목적에 사용하기 위해 전기를 수요한다는 것이다. 에어컨이 보다 효율적이 된 것은 에어컨 가격의 실제 가격이 하락한 것과 동일하다. 에어컨의 수요가 탄력적이면 가격이 하락할 때 에어컨의 수요는 증가해, 이전보다 더 많은 전기를 소비할 수 있다.

**08** 우유 가격 2%의 상승이 초콜릿 시럽이 수요량을 4% 감소시키므로, 교차탄력성은 ( − 4%) / 2% = −2이다. 우유 가격의 상승이 초콜릿 수요의 감소로 이어졌으므로(교차탄력성이 ( − )임) 두 재화는 보완재이다.

**09** 그림에서 공급곡선이 직선이고 $\triangle P = 2$, $\triangle Q = 3$이므로 공급곡선의 기울기는 2 / 3이다. A점에서 $P / Q = 4 / 9$이므로, 공급의 가격탄력성은 (4 / 9) × (3 / 2) = 2 / 3이다. B점에서는 $P / Q = 6 / 12$이므로, 공급의 가격탄력성은 (6 / 12) × (3 / 2) = 3 / 4이다.

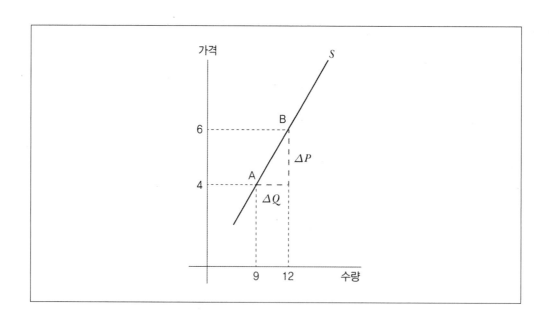

**10** 한 행동에서 다른 행동으로 바꾸는데 시간이 걸리므로 공급의 가격탄력성은 일반적으로 단기보다 장기가 더 크다. 따라서 d가 옳지 않다.

**11** 표로부터 피자 한 조각을 만드는 데 $1.2가 필요함을 알 수 있다. 재료의 비율이 일정하고, 또한 모든 재료를 주어진 가격에서 얼마든지 살 수 있으므로 피자의 공급곡선은 $P = \$1.2$ 에서 수평이다. 공급의 가격탄력성은 무한대이다.

| 종이접시 | 밀가루 | 토마토소스 | 치즈 | 노동 |
|---|---|---|---|---|
| 2센트 | 8센트 | 20센트 | 30센트 | 60센트 |

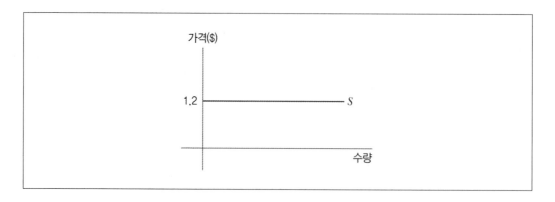

# 제5장 수요

★ 표시된 문제는 다소 어려운 문제임.

## 복습문제

**01** 소비자가 한 재화를 필요로 한다는 것이 그 재화 없이는 살 수 없거나 그 재화를 대체할 만한 다른 재화가 없다는 것을 의미할 수 있다. 대개의 경우 모든 재화는 대체재를 가지고 있고, 수요는 이런 대체재들 간의 선택의 결과임을 강조하기 위해 경제학자들은 필요가 아닌 욕구라고 말하는 것을 선호한다.

**02** 실제로 효용을 정확하게 측정하기 힘들다고 하더라도, 한계효용에 근거한 설명은 합리적인 소비자들이 여러 재화 간에 소득을 어떻게 배분하는가를 이해하는 데 도움을 준다.

**03** 한계효용 체감의 법칙은 재화의 첫 단위가 가장 큰 효용을 제공하는 것을 의미한다. 그러므로 소수의 재화를 많이 소비하는 것보다 여러 재화를 두루 소비함으로써 더 큰 효용을 얻을 수 있다.

**04** 희소한 재화는 많은 사람들이 원하는 재화이므로 어떤 방식으로든 간에 사람들 사이에 배분되어야 한다. 화폐 가격이 0이라고 하더라도 사람들은, 본문의 공짜 아이스크림의 예에서와 같이, 아이스크림을 얻기 위해 줄을 서서 기다려야 한다거나, 뇌물을 제공해야 한다면 그 재화를 얻기 위해 지불해야 하는 대가는 0이 아니다.

**05** 향이 강한 음식을 처음 먹을 때 별로 좋아하지 않다가, 계속해서 먹게 될 경우 그 음식을 좋아하게 된다면, 한계효용 체증이 적용되는 예이다.

**01** 소비자의 유보가격은 추가적으로 한 단위를 얻기 위해 지불할 용의가 있는 최대 금액을 의미한다. 시장가격은 추가적으로 한 단위를 얻기 위해 지불해야 하는 금액이다. 따라서 합리적인 소비자는 유보가격이 시장가격보다 작으면 추가적으로 구매하지 않을 것이다. 합리적인 소비자는 유보가격과 시장가격이 일치하는 수량만큼 소비한다.

**02** 예를 들어 또래집단이 공유하는 가치는 그 집단의 구성원의 유보가격에 영향을 미칠 수 있다. 따라서 사회적 요인은 소비자의 유보가격에 영향을 미친다.

그 재화의 가격은 그 재화 한 단위를 얻기 위해 포기해야 하는 금액이므로, 유보가격에는 영향을 미치지 않는다.

재화의 생산비용이 변하면 공급곡선이 이동해 시장가격에 영향을 미칠 수 있다. 그러나 유보가격에는 영향을 미치지 않는다.

**03** 이미 지불한 음식값은 매몰비용이므로, 추가적인 음식의 한계비용은 0이다. 따라서 합리적인 사람은 마지막 한 숟가락의 한계효용이 0이 될 때까지 먹는다.

**04** 오렌지의 달러당 한계효용은 75유틸 / \$0.25 = 300유틸 / \$이다. 반면에 커피의 달러당 한계효용은 50유틸 / \$0.2 = 250유틸 / \$이다. 오렌지의 달러당 한계효용이 더 크므로 마르다는 현재 효용을 극대화하고 있지 못한다. 효용을 극대화하려면 커피 소비를 줄이고 오렌지 소비를 늘려야 한다.

**05** 땅콩의 달러당 한계효용은 100유틸 / \$0.1 = 1,000유틸 / \$이다. 반면에 캐슈의 달러당 한계효용은 200유틸 / \$0.25 = 800유틸 / \$이다. 땅콩의 달러당 한계효용이 더 크므로 토비는 현재 효용을 극대화하고 있지 못한다. 효용을 극대화하려면 캐슈 소비를 줄이고 땅콩 소비를 늘려야 한다.

**06**　현재 주어진 정보로부터 피자의 평균효용(20유틸 / 10조각)과 요구르트의 평균효용(40유틸 / 20컵)이 같다는 것을 알 수 있다. 그러나 슈가 최적의 소비를 하고 있는지를 판단하려면 평균효용이 아닌 한계효용에 대한 정보가 필요하다. 현재의 자료로서는 슈가 최적의 조합을 소비하고 있는지 판단할 수 없다.

**★**
**07**　a. 구매 가능한 조합은 다음과 같다:

| 피자 | 0 | 1 | 2 | 3 | 4 |
|---|---|---|---|---|---|
| 영화 | 8 | 6 | 4 | 2 | 0 |

b. 주어진 표로부터 각 조합에 대한 총효용을 다음과 같이 구할 수 있다.

| 피자 | 0 | 1 | 2 | 3 | 4 |
|---|---|---|---|---|---|
| 영화 | 8 | 6 | 4 | 2 | 0 |
| 총효용 | 0 + 57 = 57 | 20 + 57 = 77 | 38 + 54 = 92 | 54 + 46 = 100 | 68 + 0 = 68 |

표로부터 매주 피자 3조각, 영화 2편을 소비하는 것이 최적의 조합임을 알 수 있다.

**08**　요금이 두 배로 올랐다고 하더라도 20번째 기차 이용의 달러당 한계효용이 앤이 소비하는 다른 재화의 달러당 한계효용보다 높을 수 있다. 예를 들어, 기차를 놓치면 하루 전체의 일을 전혀 할 수 없게 된다. 이 경우 앤이 이전과 동일한 횟수의 기차를 이용한다. 기차 요금의 인상으로 앤의 실질적인 구매력이 감소한다. 기차 요금 인상으로 인한 소득효과 때문에 앤은 외식비를 줄인다.

**★**
**09**　a. 수요곡선 1의 기울기는 $-24 / 96 = -1 / 4$이다. 따라서 수요곡선의 식은 $D_1(p) = 96 - 4p \, (0 \leq p \leq 24)$이다. 수요곡선 2의 기울기는 $-36 / 48 = -3 / 4$ 이다. 따라서 수요곡선의 식은 $D_2(p) = 48 - 4p/3 \, (0 \leq p \leq 36)$이다. 시장 수요곡선은 $0 \leq p \leq 24$이면 $D(p) = D_1(p) + D_2(p) = 144 - 16p/3$, $24 < p \leq 36$이면 $D(p) = D_2(p) = 48 - 4p/3$이다. 이를 그림으로 그리면 다음과 같다.

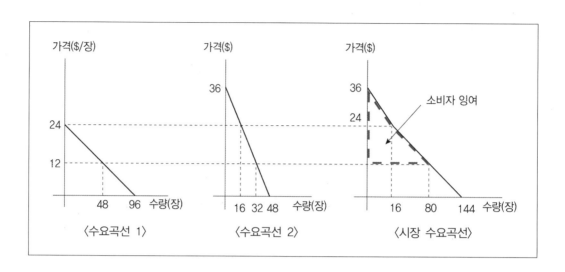

b. 가격이 $12일 경우 소비자 잉여는 시장 수요곡선에서 보다시피 작은 삼각형의 넓이 $(1 / 2) \times 12 \times 16$, 큰 삼각형의 넓이 $(1 / 2) \times 12 \times 64$, 사각형의 넓이 $12 \times 16$의 합인 $672 /$년이다.

**10** 그림에서 소비자 잉여는 $(1 / 2) \times (\$8 / 갤런) \times 80,000갤런 = \$320,000$이다.

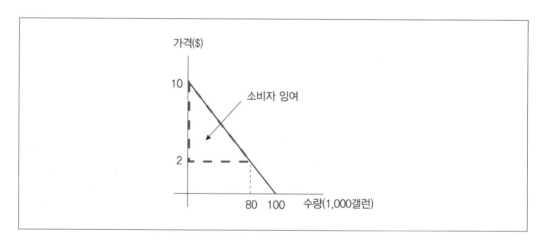

# 완전경쟁시장의 공급

★ 표시된 문제는 다소 어려운 문제임.

## 복습문제

**01** 기회비용 체증의 원리는 비용이 낮은 선택을 먼저 이용하고, 비용이 큰 선택은 나중에 이용해야 하는 원리를 의미한다. 가격이 낮으면 그 재화 생산의 기회비용이 낮은 사람들만 생산을 한다. 가격이 오르면 기회비용이 높은 사람들도 생산에 참여하므로, 공급곡선은 우상향한다.

**02** 총수입이 가변비용을 초과하는 한, 즉 가격이 평균가변비용보다 낮지 않는 조건하에서 가격 = 한계비용이 일치한다. 따라서 이 조건이 빠졌으므로 이 문장은 거짓이다.

**03** 화분 하나에 계속해 씨를 심을 경우, 씨 하나가 사용할 수 있는 땅의 크기는 매우 작아진다. 따라서 씨 하나도 건강한 나무로 자라날 것이라고 기대하기 힘들다. 하물며 60억의 세계 인구를 먹여 살릴 수 있는 식량을 생산할 것이라고 기대할 수 없다.

**04** 새로운 공장을 짓는 데는 수년이 걸리고, 임대하는 데도 몇 개월이 걸린다. 반면에 노동력은 보다 짧은 기간에 고용할 수 있으므로, 공장 건물이 고정요소에 더 가깝다.

**05** 생산자 잉여를 계산하려면 각 수량에서 판매자들의 유보가격을 알아야 한다. 공급곡선의 수직적 해석은 각 수량에서 공급곡선의 높이가 한계비용이며, 한계비용이 다름 아닌 한계판매자의 유보가격임을 말해준다.

01 표로부터 다음과 같은 한계생산을 계산할 수 있다.

| 시간 | 0 | 1 | 2 | 3 | 4 | 5 |
|---|---|---|---|---|---|---|
| 수집된 화석 수 | 0 | 5 | 9 | 12 | 14 | 15 |
| 한계생산($\Delta Q$) | | 5 | 4 | 3 | 2 | 1 |

a. 화석의 가격을 $P$라 하고, 한 시간을 추가로 화석 수집을 할 경우 추가적으로 수집할 수 있는 화석의 양을 $\Delta Q$라고 하자. 시간당 기회비용이 \$27이므로 $P \cdot \Delta Q = 27$이 되어야 화석에 추가적으로 1시간을 배정한다. $\Delta Q$의 크기는 위의 표에서 계산되어 있다. 첫 1시간의 경우 $\Delta Q = 5$이다. 따라서 $P \le 5$이면 조는 화석 수집에 시간을 조금도 할애하지 않는다. $P = 6$이면 첫 1시간의 경우 $P \cdot \Delta Q = 30 > 27$이다. 그러나 두 번째 1시간의 경우 $\Delta Q = 4$이므로 $P \cdot \Delta Q = 24 < 27$이다. 따라서 $P = 6$일 경우 첫 1시간만 화석 수집을 해, 5개의 화석을 공급한다. 이 같은 방식으로 가격에 따라서 공급하는 화석의 수를 계산하면 다음과 같다.

| 가격 | 0 – 5 | 6 | 7, 8 | 9 – 13 | 14 – 26 | 27 이상 |
|---|---|---|---|---|---|---|
| 화석의 수 | 0 | 5 | 9 | 12 | 14 | 15 |

b. 문항 (a)의 가격과 수량을 그래프로 그리면 다름 아닌 조의 화석의 공급곡선이다.

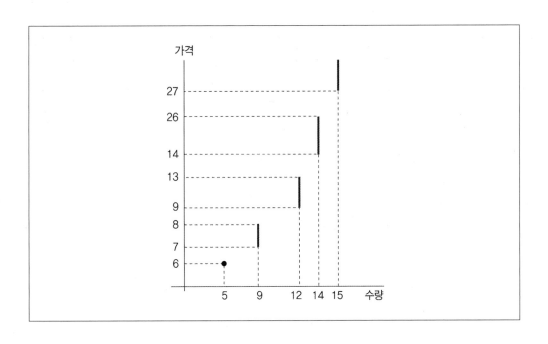

**02** 현재 두 기업의 공급곡선이 가격이 수량의 함수로 표시되어 있다. 수평으로 합치기 위해 먼저 각 기업의 공급곡선을 수량을 가격의 함수로 표시해야 한다. 기업 1의 공급곡선을 수량을 가격의 함수로 표시하면 $Q_1 = P/2\ (P \geq 0)$이고, 기업 2는 $Q_2 = P - 2\ (P \geq 2)$이다. 따라서 시장 공급곡선은 $P \geq 2$이면 $Q = Q_1 + Q_2 = (P/2) + (P-2) = (3P/2) - 2$이다. $0 \leq P < 2$이면 $Q = Q_1 = P/2$이다. 시장 공급곡선을 다시 가격을 수량의 함수로 표시하면 $Q < 1$이면($0 \leq P < 2$인 영역) $P = 2Q$, $Q \geq 1$이면($P \geq 2$인 영역), $P = (2Q + 4)/3$이다. 이를 그림으로 그리면 다음과 같다.

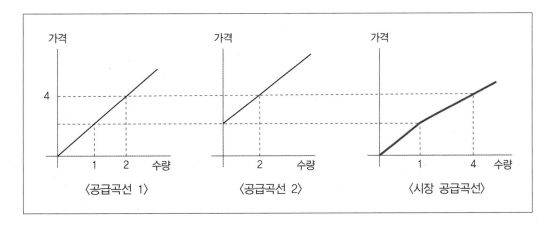

**03**  에어컨 개당 가격이 $120이므로, 6개 생산 시까지 한계비용이 $120보다 작다. 따라서 이윤을 극대화하려면 6대를 생산해야 한다.

| 생산량 | 1 | 2 | 3 | 4 | 5 | 6 | 7 | 8 |
|---|---|---|---|---|---|---|---|---|
| 총비용 | 100 | 150 | 220 | 310 | 405 | 510 | 650 | 800 |
| 한계비용 | | 50 | 70 | 90 | 95 | 105 | 140 | 150 |

**04**  가격이 $2.5이면 그림에서 $Q = 570$일 때 가격 = 한계비용이 성립함을 알 수 있다. $Q = 570$에서 평균비용(ATC)은 $1.4이다. 따라서 이윤은 $570 \times \$(2.5 - 1.4) = \$627$이다.

**★05**  가격이 $0.5이면 그림에서 $Q = 260$일 때 가격 = 한계비용이 성립함을 알 수 있다. 그러나 $Q = 260$에서 평균가변비용(AVC)은 $0.68이므로 가격보다 높다. 따라서 이 경우 생산하지 않는 것이 이윤을 극대화한다. $Q = 260$에서 ATC = $1.18이고, AVC = $0.68이므로 평균고정비용(AFC)은 $1.18 - \$0.68 = \$0.5$이다. 따라서 고정비용은 $0.5 \times 260 = \$130$이다. 그러므로 이윤은 $-$130이다.

**★06**  가격이 $1.18이면 $Q = 435$일 때 가격 = 한계비용이 성립한다. 또한 $Q = 435$에서 가격이 AVC보다 높으므로 $Q = 435$가 이윤 극대화 산출량이다. $P = \$1.18$이고 $Q = 435$일 때 총수입은 $P \times Q = \$513.3$이다. $Q = 435$에서 AVC = $0.77이므로 가변비용은 $0.77 \times 435 = \$334.95$이다. 또한 $Q = 260$일 경우 ATC = $1.18, AVC = $0.68이므로 AFC = $1.18 - \$0.68 = \$0.5$임을 알 수 있다. 따라서 고정비용은 F = $0.5 \times 260 = \$130$이다. 그러므로 이윤은 총수입 $513.3에서 가변비용인 $334.95와 고정비용인 $130를 뺀 $48.25이다.

**07**  a.

| 배트생산량 | 0 | 5 | 10 | 15 | 20 | 25 | 30 | 35 |
|---|---|---|---|---|---|---|---|---|
| 총비용 | 60 | 75 | 90 | 120 | 165 | 225 | 300 | 390 |
| 이윤 | − 60 | − 25 | 10 | 30 | 35 | 25 | 0 | − 40 |

표에서 보듯이 7시간 일을 시켜 20개를 만들 때 이윤이 $35로 극대화된다.

b. $10의 세금을 부과하면 이는 고정비용이 $10 증가한 것과 동일한 효과를 가진다. 따라서 모든 산출량 수준에서 이윤이 $10 감소한다. 그러므로 이윤을 극대화하는 산출량은 20개로 동일하다. 다만 이윤이 $10 감소한 $25이다.

c. 배트당 $2를 부과하면 이는 배트의 한계비용이 $2 증가, 혹은 가격이 $2 감소한 것과 동일한 효과를 가진다. 고정비용이 $60인 경우 표를 만들면 다음과 같다:

| 배트생산량 | 0 | 5 | 10 | 15 | 20 | 25 | 30 | 35 |
|---|---|---|---|---|---|---|---|---|
| 총비용 | 60 | 75 | 90 | 120 | 165 | 225 | 300 | 390 |
| 이윤 | − 60 | − 35 | − 10 | 0 | − 5 | − 25 | − 60 | − 110 |

따라서 15개를 생산하는 것이 이윤을 극대화하며, 이 때 이윤은 0이다.

d. 한계비용에 미치는 세금만이 산출량 결정에 영향을 미친다. b)의 경우 한계비용에 영향을 못 미치는 반면에 c)의 경우는 한계비용에 영향을 미치므로 산출량 결정에 미치는 영향이 다르다.

08 생산자 잉여는 아래 그림에서 삼각형의 넓이로, $(1 / 2) \times \$3 \times 12,000 = \$18,000$이다.

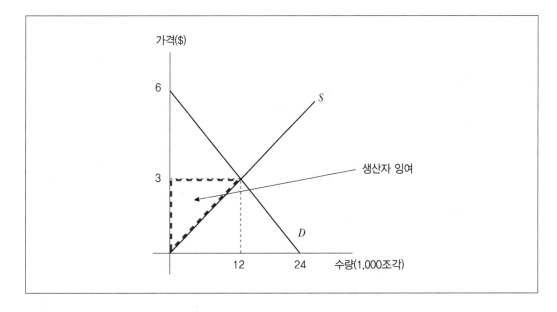

# 제7장 효율성, 교환, 보이지 않는 손

★ 표시된 문제는 다소 어려운 문제임.

## 복습문제

**01** 기업의 주인이 자신의 회사에 매우 가치 있는 자원을 제공하면, 정상이윤은 매우 높을 수 있지만 경제적 이윤은 0일 수 있다.

**02** 그 이유는 제조업의 생산성 향상으로 임금도 과거 수십 년 동안 꾸준하게 상승해 왔기 때문이다. 그로 인해 라디오 수리비용도 상승하였다. 이 때문에 많은 사람들이 라디오를 수리하느니 새로운 라디오를 사는 경향이 많아졌다.

**03** 자유로운 진입과 퇴출로 인해 시장 공급곡선이 이동하므로 장기에서는 경제적 이윤은 0이 된다. 그러나 희소한 생산요소는 그 공급이 제한되어 있으므로 경제적 지대는 사라지지 않는다.

**04** 효율성이 달성되지 못하면, 현재보다 경제적 파이를 더 크게 만들 수 있는 방법이 있다. 파이가 더 크게 되면 모든 사람들에게 현재보다 더 큰 몫을 줄 수 있다. 이 같은 이유 때문에 경제학자들은 효율성을 중요하게 생각한다.

**05** 이 정책을 시행함으로써 경제 전체의 잉여는 1억 달러 − 100만 달러 = 9,900만 달러가 증가한다. 따라서 사회적으로는 이 정책을 시행하는 것이 효율적이다. 다만 이 정책으로 인해 이익을 보는 사람들로부터 손해를 보는 사람들에게 보상할 100만 달러의 금액을 징수하는 조치를 동시에 취해야 한다.

**06** 조세로 정부에 귀속되는 부분은 정부가 그만큼 다른 곳에서 세금으로 거두지 않아도 되므로 세금으로 인한 경제적 순손실을 계산할 때 조세 부분은 빼야 한다.

01  a. "테이블 위에 현금은 없다"는 금언은 시장이 균형상태에 있을 때 활용되지 않는 이익을 얻을 수 있는 기회가 없다는 의미이지, 항상 그렇다는 것은 아니다. 따라서 거짓이다.

b. 장기 균형에서 기업들의 경제적 이윤이 0이지, 회계적 이윤이 0은 아니다. 장기 균형에서 회계적 이윤은 암묵적 비용의 크기와 동일하다. 따라서 거짓이다.

c. 다른 기업들이 동일한 혁신을 수용할 때까지 비용 절감의 혁신을 개발한 기업은 양의 경제적 이윤을 얻는다. 그러나 기술 혁신이 퍼져가면서 시장 공급곡선은 아래로 이동해, 장기에서의 경제적 이윤은 0이 된다. 따라서 참이다.

02

| 노동 | 음식과 음료 | 전기 | 건물 임대료 | 자동차 임대료 | 설비투자의 이자비용 |
|------|-----------|------|-----------|-------------|------------------|
| $2,000 | 500 | 100 | 500 | 150 | 1,000 |

a. 표로부터 명시적 비용이 $4,250임을 알 수 있다. 연수입이 $5,000이므로 회계적 이윤은 $5,000 − $4,250 = $750이다.

b. 존이 자신의 카페에서 일을 하면, 알루미늄 캔을 재활용할 때 얻을 수 있는 금액인 $1,000를 포기해야 한다. 그러나 카페 운영을 위해 $275를 포기할 용의가 있으므로 자신의 카페에서 일하는 암묵적 비용은 $725이다. 회계적 이윤에서 암묵적 비용인 $725를 뺀 경제적 이윤은 $25이다. 따라서 존은 계속해 카페를 운영해야 한다.

c. 재활용의 수입이 $1,100로 상승하면 존이 자신의 카페에 일하는 암묵적 비용은 $825이다. 이 경우 경제적 이윤은 − $75이다. 카페 운영의 경제적 이윤이 음이므로 존은 더 이상 카페를 운영해서는 안 된다.

d. 자신의 돈을 투자해 기계를 샀으므로 설비투자 비용은 더 이상 명시적 비용은 아니다. 그러나 동일한 금액이 암묵적 비용으로 잡힌다. 따라서 회계적 이윤은 $1,000 증가한 $1,750이다. 그러나 경제적 이윤은 동일하게 $25이다.

e. 카페 운영으로부터 특별한 만족을 얻지 못하면, 존이 자신의 카페에서 일하는 암묵적 비용은 $1,000이다. 따라서 정상 이윤은 $1,000이다. 총수입에서 명시적 비용인 $4,250를 뺀 금액이 $1,000가 되려면 총수입이 $5,250가 되어야 한다. 따라서 카페 수입은 $250 더 증가해야 한다.

**03** a. 제이콥을 고용하고 있는 광고회사 수입 100만 달러 가운데 정상 이윤인 50만 달러를 제외한 나머지 50만 달러를 제이콥에게 연봉으로 지불해야 한다. 50만 달러 가운데 유보가격인 10만 달러를 제외한 40만 달러가 경제적 지대이다.

b. 제이콥을 고용하고 있는 회사가 50만 달러보다 작은 연봉을 제시하는 경우. 다른 회사가 50만 달러보다 작지만 현재의 연봉보다 더 많은 금액을 제시하면, 그 회사는 양의 경제적 이윤을 얻을 수 있다. 제이콥을 고용하기 위한 기업들 간의 경쟁으로 인해 제이콥으로 인해 추가적으로 버는 40만 달러 전부가 제이콥의 연봉이 된다. 따라서 제이콥을 고용하고 있는 회사도 양의 경제적 이윤을 얻지 못한다.

**04** a. 이 경우 면화 생산으로부터의 수입이 6만 달러가 된다. 여기서 임대로 1만 달러와 생산 및 마케팅 비용 4,000달러 그리고 공장에서 일할 때 얻을 수 있는 소득인 암묵적 비용 6,000달러를 제외하면, 면화 소작농은 단기적으로 4만 달러의 경제적 이윤을 얻게 된다. 사람들이 면화를 재배하면 공장에서 일할 때보다 더 큰 소득을 얻으므로 너도나도 면화를 재배하려고 할 것이다. 그 결과 토지에 대한 임대료가 상승한다. 장기에서는 면화 재배와 공장에서 일하는 것이 동일하도록 임대료가 상승할 것이다. 그러므로 장기에서는 임대료가 5만 달러로 상승한다.

b. 이 정책에 의한 혜택은 장기적으로 토지 주인에게 돌아간다. 이전에는 120에이커에 임대료로 1만 달러를 받았으나, 이제는 5만 달러를 받는다. 따라서 이들의 소득은 4만 달러 더 증가한다.

**05** 균형가격은 $10.5, 균형거래량은 6개이다.
a. 주간 소비자 잉여: $(1 / 2) \times \$(12 - 10.5) \times 6 = \$4.5$이다.

b. 주간 생산자 잉여: $(1 / 2) \times \$(10.5 - 6) \times 6 = \$13.5$이다.

c. 주간 DVD를 사거나 팔기 위해 링컨시의 생산자와 소비자 전체가 지불할 용의가 있는 최대 금액: 소비자 잉여와 생산자 잉여의 합이므로 $18이다.

**06** a. 개당 가격이 $7.5일 때 공급량은 2이다. 그러나 수요량은 18이므로 초과수요는 16개이다.

b. 가격 상한으로 인한 경제적 순손실은 아래 그림에 표시된 삼각형의 넓이이다.
이 크기를 계산하려면 먼저 수요량이 2일 때의 가격을 구해야 한다. 수요곡선의 기울기가 $-12/48 = -1/4$이므로, 수요곡선의 식은 $P = 12 - Q/4$이다. 이 식에 $Q = 2$를 대입하면 $P = 11.5$를 얻는다. 따라서 경제적 순손실은 $(1/2) \times \$(11.5 - 7.5) \times 4 = \$8$이다.

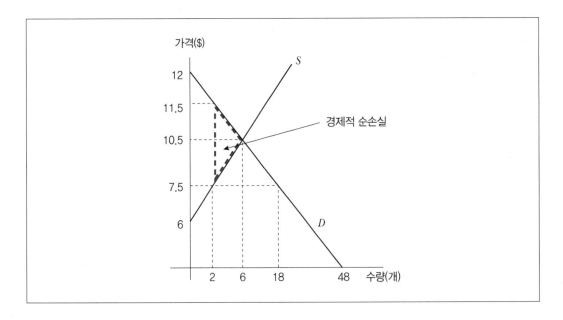

**★07** 이 정책으로 인한 경제적 순손실은 삼각형 ABC의 면적으로 $(1/2) \times 1 \times 1$백만 달러 = 50만 달러이다.

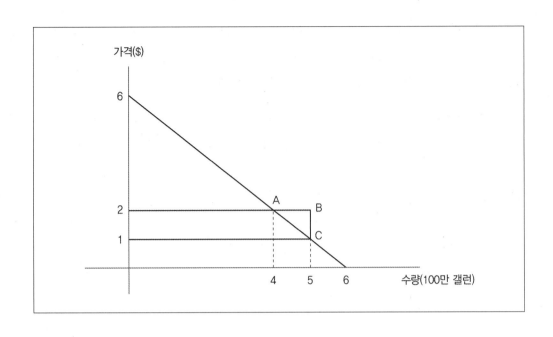

08    a. 시장 수요량의 단위가 100만 갤런이고, 가구 수가 100만이므로, 개별 수요곡선은 $P = 6 - Q$로 단위만 100만 갤런이 아닌 갤런으로 바뀌면 된다.

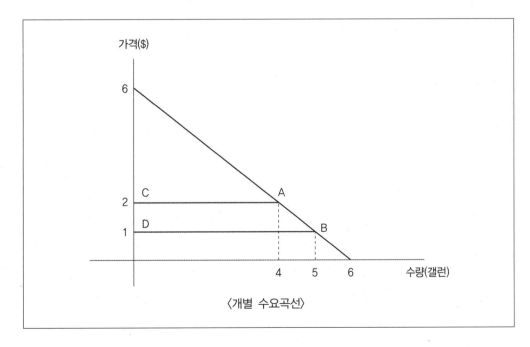

〈개별 수요곡선〉

b. 소비자 잉여의 감소분은 위의 그림에서 ABCD의 면적으로 $(1/2) \times (4 + 5) \times \$1 = \$4.5$ 이다.

c. 난방유 가격을 $2에서 $1로 보조해주면, 시장 수요량은 500만 갤런이다. 이를 위해 정부는 500만 달러의 세금을 걷어야 한다. 보조해 주지 않으면 500만 달러를 걷지 않아도 되므로 가구당 $5의 세금을 감면해 줄 수 있다.

d. 난방유 보조가 없으면 문항 b에서 보았듯이 가구당 소비자 잉여는 $4.5 감소한다. 반면에 정부가 가구당 $5의 세금을 감면해 주므로 가구당 $0.5의 혜택이 돌아간다.

**09** a. $8 - Q = 2 + Q$를 풀면 균형거래량은 $Q = 3$, 균형가격은 $P = 5$이다. 다음 그림에서 보다시피, 소비자 잉여는 $(\$3/개) \times 3,000개 \div 2 = \$4,500$, 생산자 잉여도 $(\$3/개) \times 3,000개 \div 2 = \$4,500$이므로 총잉여는 $9,000이다.

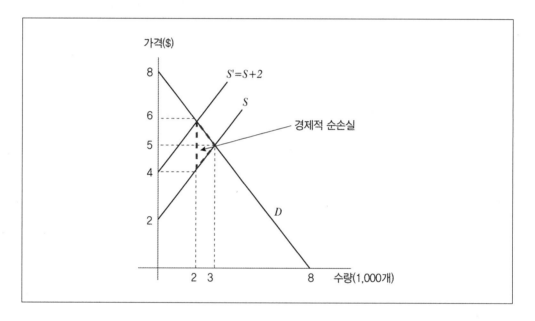

b. 단위당 $2의 세금이 부과되었으므로 공급곡선이 2만큼 위로 이동해, 새로운 공급곡선은 $P = 4 + Q$가 된다. $8 - Q = 4 + Q$를 풀면, 새로운 균형거래량은 $Q = 2$, 균형가격은 $P = 6$이다. 따라서 소비자는 개당 $6를 지불하고, 생산자는 이 가운데 $2를 세금으로 지불하고, $4를 받는다. 새로운 소비자 잉여는 $(\$2/개) \times 2,000개 \div 2 = \$2,000$이므로 $2,500 감소한다. 새로운 생산자 잉여도 $(\$2/개) \times 2,000개 \div 2 = \$2,000$이므로 $2,500 감소한다. 따라서 총잉여 감소분은 $5,000이다.

c. 거래량이 2,000개이므로 조세수입은 $(\$2/개) \times 2,000개 = \$4,000$이다. 따라서 경제적 순손실은 $1,000이다.

# 제8장 독점시장, 과점시장, 독점적 경쟁시장

## 복습문제

**01**    순수 독점기업, 과점기업 및 독점적 경쟁기업은 공통적으로 우하향하는 수요곡선을 가진다.

**02**    시장지배력을 가진 기업은 우하향하는 수요곡선을 가진다. 이들 기업은 수량 혹은 가격을 선택할 수 있으나, 둘 다를 동시에 선택할 수 없다. 수요곡선 상에 있는 가격 – 수량의 조합만을 선택할 수 있다.

**03**    특허나 저작권이 없으면 사람들이 새로운 제품을 개발하려는 유인을 갖지 못한다. 새로운 제품 개발로부터 얻는 이득이 일시적으로 가격이 높은 데서 발생하는 비효율보다 더 크다.

**04**    완전경쟁기업은 시장지배력이 없으므로, 몇 개를 팔든 간에 시장가격에 영향을 미치지 못한다. 따라서 한 개 더 팔 때마다 시장가격만큼 수입이 증가하므로, 한계수입이 가격과 일치한다. 반면에 독점기업은 수요곡선이 우하향하므로, 한 개 더 팔려면 모든 수량에 대한 가격을 낮추어야 한다. 그러므로 한계수입이 시장가격보다 낮다.

**05**    양의 경제적 이윤을 얻으려면 가격이 평균 총비용보다 높아야 한다. 자연독점의 경우, 평균 총비용이 한계비용보다 높다. 따라서 가격이 한계비용보다 높다고 하더라도 반드시 평균 총비용보다 높다고 말할 수 없다. 평균 총비용보다 낮으면 경제적 이윤은 음이 된다. 그러므로 거짓이다.

**01**  a. 완전경쟁시장의 경우 개별 기업은 시장지배력이 없으므로 자신들이 직면하는 수요곡선이 시장 가격에서 수평인 것처럼 인식한다. 그러나 시장 수요곡선은 언제나 우하향한다. 따라서 거짓이다.

      b. 완전경쟁기업은 시장지배력이 없으므로 가격에 대한 영향력이 없다. 따라서 참이다.

      c. 자연독점의 정의가 규모의 경제가 존재한다는 의미이다. 규모의 경제란 산출량이 증가하면 평균총비용이 감소함을 의미한다. 따라서 참이다.

**02**  삽은 연간 생산량이 5만 대이므로 총비용은 10억 달러 + 1만 달러 × 5만 대 = 15억 달러이다. 그러므로 평균 총비용은 (15억 달러 / 5만 대) = 3만 달러이다. 볼보는 연간 생산량이 20만 대이므로 총비용은 10억 달러 + 1만 달러 × 20만 대 = 30억 달러이다. 그러므로 평균 총비용은 (30억 달러 / 20만 대) = 1만 5,000달러이다. 볼보 쪽이 평균 총비용이 낮으므로 볼보의 시장 점유율이 더 커질 것이라고 예측할 수 있다.

**03**  정답: (c)

      a. 독점기업은 한계수입 = 한계비용이 성립하는 수량을 선택한다. 그 수량에 해당하는 수요곡선의 높이만큼을 가격으로 책정하므로, 초과수요는 발생하지 않는다.

      b. 이윤 극대화 산출량은 한계수입이 증가하는 것과 아무런 관계가 없다.

      c. 가격이 한계수입보다 크므로, 한계비용보다 크다.

      d. 한계수입이 아닌 이윤을 극대화한다.

      e. c가 참이므로 위의 모든 문장이 거짓은 아니다.

**04** 정답: (a)

a. 소비자별로 유보가격을 가격을 책정하므로 수요곡선이 한계수입곡선이다.

b. 한계비용곡선은 한계비용곡선이고, 한계수입곡선은 한계수입곡선이다. 두 곡선 사이에 아무런 관계가 없다.

c. 동일한 유보가격을 가진 소비자는 동일한 가격을 지불한다.

d. 한계수입이 0이 되는 산출량을 독점기업은 선택하지 않는다.

e. 가격 = 한계비용이 되도록 생산하므로 효율적이다.

**05** 효율적인 가격은 가격 = 한계비용으로 책정하는 것이다. 그러나 자연 독점의 경우 규모의 경제가 존재하므로, 한계비용이 항상 평균 총비용보다 작다. 따라서 가격 = 한계비용이면 가격이 평균총비용보다 낮으므로 항상 경제적 손실이 발생한다.

**06** 기본적으로 동일한 제품을 소비자별로 다른 가격을 책정하려면 기업은 유보가격이 높은 소비자와 낮은 소비자를 구별하는 장애물을 설치해야 한다. 제품 간의 약간의 품질 차이가 이 같은 장애물의 역할을 할 수 있다. 예를 들어, 소프트웨어의 경우 전문가용과 일반용으로 나누어 판매한다.

**07**

| 소비자 | A | B | C | D | E | F | G | H |
|---|---|---|---|---|---|---|---|---|
| 유보가격 | 50 | 46 | 42 | 38 | 34 | 30 | 26 | 22 |
| 총수입 | 50 | 92 | 126 | 152 | 170 | 180 | 182 | 176 |
| 한계수입 | 50 | 42 | 34 | 26 | 18 | 10 | 2 | − 6 |

a. 위의 표에서 보다시피 한계수입이 한계비용인 $12보다 크면 계속해 사진을 찍어야 한다. 소비자 E까지 찍는 것이 이윤을 극대화한다. 따라서 가격을 $34로 책정하고 5장을 찍는다. 경제적 이윤은 $(34 − 12) × 5 = $110이다.

b. 소비자  잉여는  $\$(50 - 34) + \$(46 - 34) + \$(42 - 34) + \$(38 - 34) + \$(34 - 34)$ $= \$40$이다.

c. 사회적으로 최적이려면 유보가격이 한계비용보다 클 때 계속해 사진을 찍어야 한다. 모든 사람의 유보가격이 $\$12$보다 크므로 사회적으로 최적인 사진의 숫자는 8장이다.

d. 조지가 완전 가격차별을 할 수 있으므로 모든 소비자에게 그들의 유보가격을 책정한다. 모든 사람들이 사진을 찍으며, 이 때 경제적 이윤은 모든 소비자의 유보가격의 합인 $\$228$에서 비용인 $\$12 \times 8 = \$96$를 뺀 $\$192$이다.

e. 모든 소비자가 자신의 유보가격을 가격으로 지불하므로 소비자 잉여는 0이다.

**08**  a.

| 소비자 | A | B | C | D | E |
|---|---|---|---|---|---|
| 유보가격 | 50 | 46 | 42 | 38 | 34 |
| 총수입 | 50 | 92 | 126 | 152 | 170 |
| 한계수입 | 50 | 42 | 34 | 26 | 18 |

〈쿠폰을 사용하지 않는 소비자들〉

| 소비자 | F | G | H |
|---|---|---|---|
| 유보가격 | 30 | 26 | 22 |
| 총수입 | 30 | 52 | 66 |
| 한계수입 | 10 | 22 | 14 |

〈쿠폰을 사용하는 소비자들〉

쿠폰을 사용하지 않는 소비자 그룹의 경우 마지막 소비자로부터의 한계수입이 18로 한계비용인 12보다 크다. 따라서 $\$34$를 가격을 책정해 모든 소비자의 사진을 찍는다.

쿠폰을 사용하는 소비자도 마지막 소비자로부터의 한계수입인 14가 한계비용보다 크므로 $\$22$를 가격으로 책정해 모든 소비자의 사진을 찍는다. 따라서 액면가격은 $\$34$, 할인가격은 $\$22$이다.

b. 조지의 경제적 이윤은 $34 × 5 + $22 × 3 − $12 × 8 = $140이다. 소비자 잉여는 {($50 + $46 + $42 + $38 + $34) − $34 × 5} + {($30 + $26 + $22) − $22 × 3} = $52이다.

**09**

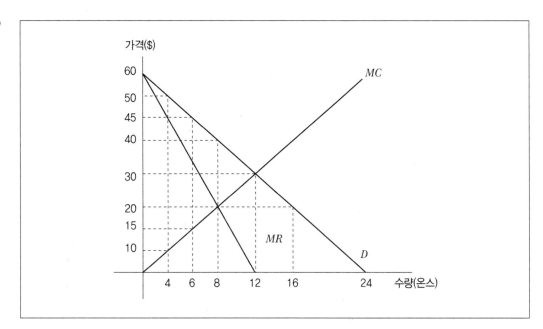

a. 한계수입과 한계비용이 $Q = 8$에서 일치한다. 따라서 세레나는 독점이윤을 극대화하기 위해서 $P = 40$을 책정한다. 이 때 소비자 잉여는 $(1 / 2) × $(60 − 40) × 8 = $80$이다. 사회적 최적 산출량은 가격 = 한계비용이 성립하는 산출량이다. 그림에서 사회적 최적 산출량은 $Q = 12$임을 알 수 있다. 이 때 가격은 $P = 30$이다. 이 경우 소비자 잉여는 $(1 / 2) × $(60 − 30) × 12 = $180$이다. 따라서 세레나가 독점가격을 책정하면 소비자 잉여는 $100 감소한다.

b. 세레나가 완전 가격차별 독점기업이면 수량은 가격 = 한계비용이 되도록 선택한다. 따라서 $Q = 12$를 생산한다. 그리고 가격은 각 소비자에 대해서 유보가격을 책정하므로 수요곡선이 바로 한계수입곡선이다. 그러므로 세레나의 이윤은 0부터 12까지 수요곡선에서 한계비용곡선을 뺀 넓이인 $(1 / 2) × $60 × 12 = $360$이다. 완전 가격차별의 경우 소비자 잉여는 0이므로, 총잉여는 생산자 잉여와 동일하다. 따라서 총잉여는 $360이다.

| 소비자 | A | B | C | D | E | F | G | H | I | J |
|---|---|---|---|---|---|---|---|---|---|---|
| 유보가격 | 1.0 | 0.9 | 0.8 | 0.7 | 0.6 | 0.5 | 0.4 | 0.3 | 0.2 | 0.1 |
| 총수입 | 1 | 1.8 | 2.4 | 2.8 | 3.0 | 3.0 | 2.8 | 2.4 | 1.8 | 1.0 |
| 한계수입 | 1 | 0.8 | 0.6 | 0.4 | 0.2 | 0 | − 0.2 | − 0.4 | − 0.6 | − 0.8 |

a. 위의 표와 같다.

b. 한계비용이 \$0.2이므로 한계수입이 0.2가 되는 E까지 판매한다. 이 때 가격은 E의 유보가격인 \$0.6이다. 이때 이윤은 \$(0.6 − 0.2) × 5 = \$2이다(이 문제에서 \$0.7를 책정해 D까지 판매해도 이윤은 \$(0.7 − 0.2) × 4 = \$2로 동일하다. 그 이유는 수량이 1, 2, 3과 같이 이산적으로 변하기 때문이다. 연속적으로 변하면 이 같은 일은 일어나지 않는다).

c. 문항 b에서 보았듯이, 베스의 경제적 이윤은 \$2이다. 소비자 잉여는 (\$1.0 + \$0.9 + \$0.8 + \$0.7 + \$0.6) − 5 × \$0.6 = \$1이다.

d. 총잉여는 가격 = 한계비용일 때 극대화된다. 따라서 가격은 \$0.2가 되어야 한다.

e. 완전 가격차별을 하면 유보가격이 한계비용보다 작지 않은 모든 소비자들에게 판매하며, 각 소비자들에게 그들의 유보가격을 가격으로 책정한다. 이 경우 베스의 경제적 이윤은 (\$1.0 + ⋯ + \$0.2) − \$0.2 × 9 = \$3.6이다. 이 경우 소비자 잉여는 0이다. 따라서 이때의 경제적 이윤은 문항 d의 총잉여와 동일하다.

01  a.
토요일 저녁 성인: $MR = 12 - 4Q$
일요일 오후 어린애: $MR = 8 - 6Q$
일요일 오후 성인: $MR = 4 - 8Q$

b. 토요일 저녁 성인: $MR = 12 - 4Q = 2$를 풀면 $Q = 5/2$(250장)이다. 이를 수요곡선에 대입하면 $P = 10$이다.
일요일 오후 어린애: $MR = 8 - 6Q = 2$를 풀면 $Q = 1$(100장)이다. 이를 수요곡선에 대입하면 $P = 5$이다.
일요일 오후 성인: $MR = 4 - 8Q = 2$를 풀면 $Q = 1/4$(25장)이다. 이를 수요곡선에 대입하면 $P = 3$이다.

02  a.

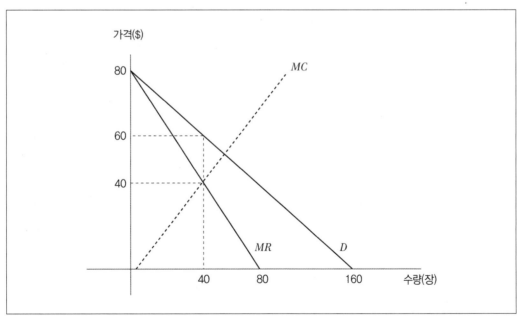

b. 한계수입곡선은 $MR = 80 - Q$이다. 앞의 그림에 그려져 있다.

c. 이윤 극대화 수량은 $80 - Q = Q$에 의해 결정된다. 따라서 $Q = 40$이고, 이를 수요곡선에 대입하면 $P = 60$을 얻는다.

d. 총수입은 $40 \times \$60 = \$2{,}400$이다. 가변비용은 0부터 40까지 한계비용곡선의 면적인 $(1/2) \times \$40 \times 40 = \$800$이다. 고정비용이 $\$400$이므로, 경제적 이윤은 $\$2{,}400 - \$1{,}200 = \$1{,}200$이다(생산자 잉여는 경제적 이윤에 고정비용을 더한 $\$1{,}600$이다).

e. 소비자 잉여는 $(1/2) \times \$(80 - 60) \times 40 = \$400$이다.

# 제9장 게임이론과 전략적 행동

## 복습문제

**01** 게임의 세 가지 요소는 경기자들(players), 각 경기자들이 선택할 수 있는 전략들의 집합 (strategy set), 그리고 모든 선택 가능한 전략들의 조합에 대해 각 경기자들이 얻는 보수 (payoff function)이다.

**02** 죄수의 딜레마 게임을 동일한 사람과 무한번 반복해 할 수 있으면, 서로 협조하기로 약속 을 하였을 때 이 약속에서 이탈한 사람을 이후에 처벌할 수 있는 기회가 주어진다. 따라서 배반하고자 하는 유인이 작아진다.

**03** 각 나라가 현재 수준의 군사력을 유지할지 아니면 군사력 증대를 위해 군비를 증가시킬지 결정하고자 한다. 이 상황에서 두 나라 모두 군사력의 우위가 최선의 상황이라고 생각하 고, 최악의 상황을 군사력 열세라고 생각한다. 두 국가의 군사력이 동일할 경우, 군사비 지 출이 낮은 쪽을 선호한다. 왜냐하면 군비를 증가시켰음에도 군사적 우위도 점할 수 없다 면, 차라리 그 자원을 다른 용도로 사용했으면 국가의 후생을 더 증가시킬 수 있다. 현재의 상황을 게임으로 그려보면 다음과 같다.

| 1 ＼ 2 | 현상 유지 | 군비 증대 |
|---|---|---|
| 현상 유지 | 차선, 차선 | 최악, 최선 |
| 군비 증대 | 최선, 최악 | 차차선, 차차선 |

전략형 게임에서 보다시피 군비 증대가 우월전략이다. 그러나 두 나라 모두 군비를 증가 시켰을 경우의 결과는 두 나라 모두 현상 유지를 할 경우보다 못하다. 따라서 군비 경쟁을 죄수의 딜레마 게임으로 볼 수 있다.

04  영화 촬영 전이나 거의 찍고 난 후나 토니 베넷의 협상력이 동일하다고 생각했을 수 있다. 그러나 영화를 거의 다 찍고 난 후에 토니 베넷이 아닌 다른 가수를 기용한다면 영화의 많은 부분을 다시 찍어야 한다. 따라서 영화 촬영 전과 후에 토니 베넷이 가지는 협상력이 다르다. 워너브라더스는 영화를 촬영하기 전에 베넷과 협상을 했으면 베넷의 협상력은 낮았을 것이고, 큰 돈을 지불하지 않아도 되었을 것이다.

05  작은 기업이 문손잡이를 위한 자본 장비를 투자하면 다른 용도로 사용할 수 없기 때문에 매몰비용이 된다. 즉, 이 장비로 GM 이외의 다른 기업을 위해 생산을 할 수 없다. 사전에 문손잡이의 가격에 대한 약속이 없으면, 일단 자본 장비에 대한 투자가 끝난 후 GM은 한계비용만큼을 지불하려고 할 것이고, 작은 기업은 자본 장비에 대한 투자를 회수할 수 있는 방법이 없다. 따라서 손해를 본다. 이 같은 점을 우려해 작은 기업의 최고경영자는 자본 장비에 대한 투자비용을 회수하기 위해 일정 기간 동안 가격이 고정된 장기 계약이 아니고는 미리 자본 장비에 대한 투자를 하지 않는다.

06  이 같은 상황에서 웨이터는 사익을 추구하는 손님이 좋은 서비스를 받고 식사를 마친 후 팁을 놓지 않고 갈 것이라는 것을 잘 알고 있다. 따라서 좋은 서비스를 제공하려고 하지 않을 것이다. 그러므로 손님이 사전에 팁을 놓을 것을 맹약하지 않으면, 웨이터는 좋은 서비스를 제공하지 않을 것이다. 그러나 많은 경우 사람들이 고속도로에 위치한 레스토랑에서 좋은 서비스를 받은 경우 팁을 놓는다. 따라서 사람들이 항상 사익을 추구하는 것은 아닐 수 있다.

01  a. 이 게임의 경기자는 여러분과 친구이며, 각 경기자의 전략은 앞면과 뒷면이다. 보수행렬은 아래와 같다.

| 여러분 \ 친구 | 앞면 | 뒷면 |
|---|---|---|
| 앞면 | 1, − 1 | − 1, 1 |
| 뒷면 | − 1, 1 | 1, 1 |

b. 여러분은, 친구가 앞면을 선택하면 앞면, 뒷면을 선택하면 뒷면이 최선의 전략이므로 여러분은 우월전략을 갖지 않는다. 친구도, 여러분이 앞면을 선택하면 뒷면, 뒷면을 선택하면 앞면이 최선의 전략이므로 친구도 우월전략을 갖지 않는다.

c. 여러분의 최선의 전략은 친구와 동일한 선택을 하는 것이고, 친구의 최선의 선택은 여러분과 다른 선택을 하는 것이다. 두 개의 선택이 같은 조합, 예를 들어 (앞면, 앞면)의 경우, 친구는 여러분과 다른 선택을 함으로써 더 큰 보수를 얻을 수 있다. 따라서 두 개의 선택이 같은 조합은 내쉬균형이 아니다. 두 개의 선택이 다른 조합, 예를 들어 (앞면, 뒷면)의 경우, 여러분이 친구와 다른 선택을 함으로써 더 큰 보수를 얻을 수 있다. 따라서 두 개의 선택이 다른 조합도 내쉬균형이 아니다. 그러므로 내쉬균형이 존재하지 않는다.

02  a. 이 게임의 경기자는 해리와 샐리이다. 해리의 전략은 1부터 4까지의 자연수 가운데 하나를 선택하는 것이다. 샐리의 전략은 해리의 제안을 받아들이든지(Y), 거부하든지(N) 하는 것이다. 게임 트리는 다음과 같다. 보수의 경우 먼저 오는 숫자는 해리의 동전 개수, 뒤에 오는 숫자는 샐리의 동전 개수이다.

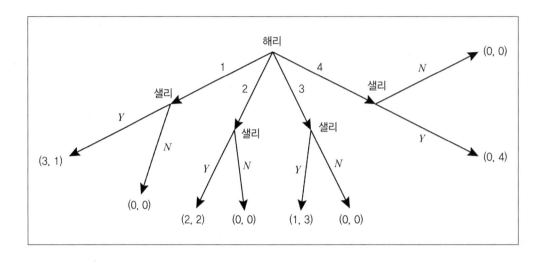

b. 위의 게임 트리에서 보다시피, 해리가 어떤 제안을 하더라도 샐리는 거부하는 것보다 받는 것이 최선의 선택이다. 이를 알고 해리는 1개를 제안한다.

03   이 게임은 죄수의 딜레마 게임과 동일하다. 따라서 블랙카더는 볼드릭이 우월전략인 자백을 선택할 것을 알고 있다. 또한 자백이 블랙카더의 우월전략이므로 이 정보는 블랙카더에게 아무런 가치가 없다.

| 블랙카더 \ 볼드릭 | 자백 | 묵비권 |
|---|---|---|
| 자백 | 5년, 5년 | 0년, 20년 |
| 묵비권 | 20년, 0년 | 1년, 1년 |

04   a.

| 샘 \ 다른 친구들 | 많이 공부함 | 적게 공부함 |
|---|---|---|
| 많이 공부함 | − 5, − 5 | 10, − 6 |
| 적게 공부함 | − 6, 10 | − 1, − 1 |

b. 이 게임에서 많이 공부하는 것이 우월전략이다. 따라서 내쉬균형은 (많이 공부함, 많이 공부함)이다. 모든 친구들이 많이 공부하면 모든 학생들이 다른 학생들보다 특별히 높은 점수를 얻을 수 없다. 다만 공부하는 데 높은 비용만 지불할 뿐이다. 학생들의 입장에서 최선의 결과는 모두 적게 공부하는 것이다.

05  a. 현재의 상황을 보수행렬로 표시하면 다음과 같다.

| A \ B | 지킴 | 지키지 않음 |
|---|---|---|
| 지킴 | A: 차선, B: 차선 | A: 최악, B: 최선 |
| 지키지 않음 | A: 최선, B: 최악 | A: 차차선, B: 차차선 |

둘 다 쿼터 협상을 지키면 모두에게 차선의 결과를 얻을 수 있다. 그러나 두 회사 모두에게 쿼터 협정을 지키지 않는 것이 우월전략이다. 따라서 그 결과는 두 회사 모두에게 차차선이다. 따라서 쿼터 협상을 효과적으로 집행할 수 없는 수단이 없는 경우 남획이 불가피하다.

b. 공기 오염을 예로 들 수 있다. 한 회사가 공기 오염 제거 장치를 하지 않고 생산하면 비용을 절약할 수 있다. 그러나 모든 회사가 공기 오염 제거 장치를 하지 않으면 공기가 급격히 나빠지고, 이 상황이 모든 기업이 공기 오염 제거 장치를 설치하는 경우보다 더 나쁠 수 있다.

c. 환경 악화와 같은 상황에서 경기자들은 일반적으로 다른 경기자들이 어떤 사람인지를 알기 어렵다. 이와 같이 익명의 상황에서 의사결정을 할 경우, 다른 사람의 인격에 대한 판단을 하기 어렵다. 이 같은 상황에서는 종종 법적 강제력이 유일한 수단이 된다.

| 보잉 ＼ 에어버스 | 생산 | 생산하지 않음 |
|---|---|---|
| 생산 | − 5, 20 | 100, 0 |
| 생산하지 않음 | 0, 125 | 0, 0 |

a. 한 기업이 생산하면 다른 기업의 최선의 선택은 생산하지 않는 것이고, 생산하지 않는 것에 대한 최선의 선택은 생산하는 것이다. 따라서 (생산, 생산하지 않음)과 (생산하지 않음, 생산)이 내쉬균형이다.

b. 유럽 연합이 에어버스에게 진입시 2,500만 달러를 지원하면 생산하는 것이 에어버스의 우월전략이 된다. 따라서 이 경우 에어버스는 반드시 생산하고, 보잉은 생산하지 않는 것이 내쉬균형이다.

| 보잉 ＼ 에어버스 | 생산 | 생산하지 않음 |
|---|---|---|
| 생산 | − 5, 20 | 100, 0 |
| 생산하지 않음 | 0, 125 | 0, 0 |

c. 보조금이 있기 전에는 한 쪽이 생산하고, 다른 기업은 진입하지 않는 두 개의 내쉬균형이 있었다. 따라서 어느 기업이 생산할지 결정할 수 없다. 그러나 보조금이 가지는 질적인 효과는 에어버스가 생산을 한다고 맹약하는 효과를 가진다. 따라서 에어버스가 생산하고, 보잉은 생산하지 않는다.

07 a. 1통: 수입 = 5, 비용 = 2, 이윤 = 3.    2통: 수입 = 10, 비용 = 5, 이윤 = 5.
따라서 각각은 2통의 물을 운반한다.

b. 질과 잭이 각각 1통과 2통의 물을 운반할 때의 보수행렬은 아래와 같다. 보수행렬에서 보다시피 질과 잭은 1통을 운반하는 것이 우월전략이다. 그러나 둘 다 1통씩 운반하면 각각이 얻는 이윤은 3으로 감소한다. 따라서 이 게임은 죄수의 딜레마 게임과 동일하다.

| 질 \ 잭 | 1 | 2 |
|---|---|---|
| 1 | 3, 3 | 5.5, 2.5 |
| 2 | 2.5, 5.5 | 5, 5 |

**08** a. 이 상황을 게임트리로 그리면 아래와 같다. 사무실을 개소하면 매니저는 부정직하게 운영할 것이므로 주인은 새 사무실을 개소하지 않는다(굵은 선으로 표시).

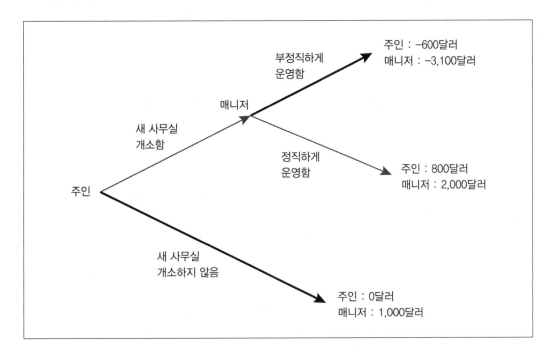

b. 이 상황을 게임트리로 그리면 다음과 같다. 사무실을 개소하면 매니저는 정직하게 운영할 것이므로 주인은 새 사무실을 개소한다(굵은 선으로 표시).

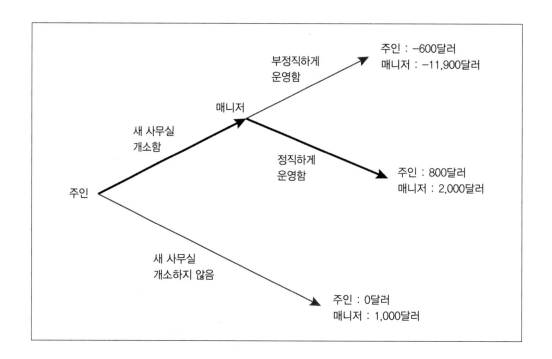

주인 : −600달러
매니저 : −11,900달러

부정직하게
운영함

매니저

새 사무실
개소함

정직하게
운영함

주인 : 800달러
매니저 : 2,000달러

주인

새 사무실
개소하지 않음

주인 : 0달러
매니저 : 1,000달러

**09**

| A \ B | 영화 | 야구 |
|---|---|---|
| 영화 | 2, 3 | 0, 0 |
| 야구 | 1, 1 | 3, 2 |

a. B가 영화를 선택하면 A의 최선의 전략은 영화를 선택하는 것이다. B가 야구를 선택하면 A도 야구를 선택하는 것이다. B의 선택에 따라 A의 최선의 선택이 다르므로 A는 우월전략을 갖지 못한다. 대칭인 상황이므로 B도 우월전략을 갖지 못한다.

b. 각 사람의 최적의 전략은 다른 사람과 동일한 선택을 하는 것이다. 따라서 (영화, 영화)와 (야구, 야구)가 내쉬균형이다. 서로 엇갈린 선택을 하는 것은 내쉬균형이 아니다. 예를 들어 (영화, 야구)의 경우, A가 야구를 선택하면 보수가 0에서 3으로 증가한다. 따라서 내쉬균형이 아니다.

c. 각 경기자가 우월전략을 가지고 있지 않으므로, 이 게임은 죄수의 딜레마 게임과 동일하지 않다. 이 게임은 게임이론에서는 **성대결**(battle of sexes)게임이라고 불리는 게임이다.

d. A가 영화를 선택하면, 이를 보고 B도 영화를 선택한다. 이 경우 A는 2를 얻는다. A가 야구를 선택하면, 이를 보고 B도 야구를 선택한다. 이 경우 A는 3을 얻는다. A는 B가 자신의 선택을 보고 선택한다는 것을 알고 있으므로, 균형에서 A는 야구를 선택한다. 이를 보고 B도 야구를 선택한다.

e. B가 영화를 선택하면, 이를 보고 A도 영화를 선택한다. 이 경우 B는 3을 얻는다. B가 야구를 선택하면, 이를 보고 A도 야구를 선택한다. 이 경우 B는 2를 얻는다. B는 A가 자신의 선택을 보고 선택한다는 것을 알고 있으므로, 균형에서 B는 영화를 선택한다. 이를 보고 A도 영화를 선택한다.

10  a. 이 상황을 게임트리로 그리면 아래와 같다. 다른 운전자가 여러분의 자리를 차지하였을 때 여러분이 논쟁하면 그 운전자는 자리를 양보한다. 이때 여러분은 자리를 얻어 $10의 편익을 얻지만, 논쟁의 대가로 $30의 비용을 지불해야 한다. 따라서 보수는 − $20이다. 다른 운전자는 자리도 못 얻고 논쟁도 하므로 보수는 − $30이다. 여러분이 논쟁하지 않으면 다른 운전자가 그 자리를 차지한다. 이 경우 여러분의 보수는 $0, 다른 운전자의 보수는 $10이다. 다른 운전자가 처음부터 자리를 양보했으면, 여러분은 $10, 다른 운전자는 $0를 얻는다.

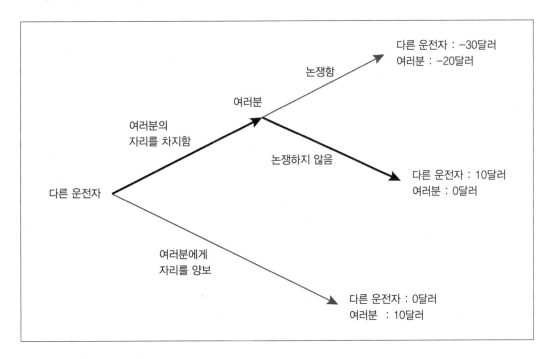

b. 위의 게임트리에서 보듯이, 일단 다른 운전자가 자리를 먼저 차지하면 논쟁의 대가가 자리를 되찾는 편익보다 크므로 여러분은 논쟁하지 않는다. 이를 알고 다른 운전자는 여러분의 자리를 차지한다(굵은 선으로 표시됨).

c. 논쟁하지 않으면 여러분이 큰 심리적 비용을 지불해야 하는 것을 이 운전자에게 신빙성 있게 전달할 수 있다는 것은, 다른 운전자가 자리를 먼저 차지할 경우 여러분은 반드시 논쟁을 한다는 의미이다. 따라서 이 경우 다른 운전자는 − $30를 보수로 얻으므로, 처음 부터 여러분에게 자리를 양보한다. 그러므로 여러분의 보수는 $0에서 $10로 증가한다.

제10장 행동 경제학 입문

# 복습문제

01  대표성 휴리스틱은 어떤 것이 특정 범주에 속할 가능성을 그 범주에 속한 전형적인 구성원의 특성을 얼마나 공유하고 있는가로 판단한다. 전형적인 사서의 모습은 조용한 성격이다. 반면에 전형적인 세일즈맨의 모습은 사교적인 성격이다. 따라서 사람들은 조용한 성격의 사람이 세일즈맨보다는 사서일 가능성이 높다고 생각한다. 그러나 인구 분포에서 세일즈맨의 비율이 사서의 비율보다 훨씬 높으므로 조용한 성격의 세일즈맨의 숫자가 조용한 성격의 사서보다 훨씬 많다. 따라서 조용한 성격의 사람 가운데 임의로 한 사람을 뽑으면 사서보다는 세일즈맨일 가능성이 더 높다.

02  편익과 비용은 모두 절대 금액으로 측정된다. 예를 들어, 어떤 물건을 싸게 사려 시내까지 나갈 것인가의 결정은 비율이 아닌 절대 금액의 절약액과 비용을 비교해야 한다.

03  다이어트 프로그램에 참여하면 음식 소비를 절제할 수 있다. 살을 빼고 싶으나 음식을 절제하기 어려운 사람들은 다이어트 프로그램에 참여하고자 한다.

04  입법화되기 전에 "저렴한 의료법"은 인기가 없었으나, 통과됨으로써 수많은 사람들이 의료보험 혜택을 보게 되었다. 손실 기피는 사람들이 자신이 소유한 것을 잃을 때 큰 손실을 본다고 생각한다는 것이다. 따라서 일단 입법화된 법안을 무효화하기 매우 힘들다.

**05** 다음의 두 가지 예를 보자.

　a. 많은 사람들이 다시 방문할 것으로 기대하지 않는 식당에서도 팁을 놓는다.
　b. 대선 결과가 자신의 투표에 의해 결정되지 않을 것을 알면서도 사람들은 길게 줄을 서 투표한다.

## 연습문제

**01** 목격자는 90%의 정확도로 트럭의 소속회사를 구별한다. 따라서 유나이트 소속 밴을 유나 이트 소속 밴으로 정확히 구별할 확률은 0.9 × 0.2 = 0.18이고, 노스 아메리카 밴을 유나 이트 소속 밴으로 잘못 구별할 확률은 0.1 × 0.8 = 0.08이다. 따라서 사고 밴이 유나이트 소속일 확률은 0.18 / (0.18 + 0.08) = 9 / 13, 약 69%이다.

**02** 서브가 평소보다 잘 들어가면, 그 다음 서브는 평균으로 회귀할 가능성이 높다. 따라서 (b) 가 옳다.

**03** 범죄율이 상승한 후 경찰 순찰을 늘릴 가능성이 높다. 따라서 순찰을 늘리지 않아도 범죄 율은 평균으로 회귀할 가능성이 높다.

**04** 대글리쉬는 80%의 정확도로 거짓말을 찾아낸다. 거짓말쟁이의 비율이 60%이므로, 대글리 쉬가 거짓말쟁이를 거짓말쟁이로 정확히 구별할 확률은 0.8 × 0.6 = 0.48이고, 진실을 말 하는 사람을 거짓말쟁이로 구별할 확률은   0.2 × 0.4 = 0.08이다. 따라서 존이 거짓말할 확률은 0.46 / (0.46 + 0.08) = 8 / 9, 약 86%이다.

**05** 요리사마다 평소보다 요리를 잘하는 날이 있고, 못하는 날이 있다. 두 번째 방문했다는 것 은 첫 번째 방문 시 요리사가 평소보다 요리를 잘할 날이었을 가능성이 높다. 그러나 두 번째 방문 시 요리사의 요리는 평균으로 회귀할 가능성이 높다. 따라서 놀랄 이유가 없다.

**06** $40의 40%는 $16이다. 이 금액을 할인받기 위해 시내를 갈 용의가 있으면, 당연히 $1,000
의 10%인 $100를 할인받기 위해 시내로 가야 한다.

**07** 시내방문의 기회비용은 $10보다 작다. 따라서 $500 TV를 살 때 $10를 할인 받으면 시내로
가야 한다. 그러므로 (e)가 답이다.

**08** 헨리가 합리적이면 C가 더해질 때 아무런 영향을 미치지 못한다. 그러나 많은 사람들이 C
가 더해지면, A보다 B를 더 많이 선택하는 경향이 있다.

**09** 크루소가 일반 사람들과 동일하다면, 소비를 자제하는 것이 힘들 수 있다. 따라서 소비 억
제를 위해 코코넛을 곰이 겨울잠을 자는 동안 꺼낼 수 없는 동굴에 보관한다.

**10** 전통 모형은 사람들이 어떤 것을 얻기 위해 지불할 용의가 있는 금액과 그것을 포기하기
위해 받아야 할 금액이 동일하다고 생각한다. 따라서 머그잔이 랜덤하게 수강생의 절반에
게 주어졌다면, 그 중 절반은 머그잔의 가치를 $55 아래로 평가했을 것이다. 따라서 절반
의 머그잔이 거래될 것으로 예측한다. 그러나 행동 경제학자들은 손실 기피로 인해 훨씬
적은 개수만 거래될 것이라고 예측한다.

**11** 보복의 가능성이 높으면 적국이 공격할 가능성이 낮아진다. 따라서 공격을 받을 때 손해가
나도 보복을 하는 정치가가 선출되면 적국의 공격 가능성이 낮아진다.

**12** 행복이 상대적 소비에 의존하면, 노후를 위한 저축이 어렵다. 자녀들을 최고의 학교에 보
내고 싶은 가정을 생각해 보자. 좋은 학교가 위치한 지역의 월세는 비싸기 마련이다. 따라
서 자녀를 좋은 학교에 보내려면 저축하기 어렵다. 그러나 모든 가정이 동일하게 행동하
면, 이는 월세만 오를 뿐 저축은 못하고, 자녀들은 보통 학교에 다니게 된다. 따라서 강제
저축은 이 같은 문제를 해결하는 데 도움이 된다.

# 제11장 외부효과, 사유 재산권 및 환경

★ 표시된 문제는 다소 어려운 문제임.

## 복습문제

**01** 외부비용을 창출하는 행동은 사회적 최적보다 과도하게 시행된다. 그러나 이 같은 행동의 최적 수준이 항상 0은 아니다. 최적 수준은 그 행동의 한계편익과 한계비용이 일치하는 수준이다. 법으로 외부비용을 부과하는 모든 행동을 불법화하면, 사회는 그 행동 수준이 지나치게 과도한 수준에서 지나치게 과소한 수준으로 옮겨갈 수 있다. 제로 수준에서 약간의 행동을 허용했을 때 절약할 수 있는 비용이 그로 인한 피해보다 크면, 제로 수준은 사회적 최적이 아니다. 예를 들어, 자동차가 매연을 발생시킨다고 해 자동차 생산을 금지하는 것은 효율적이지 않다.

**02** 이미 혼잡해 있는 고속도로에 차가 하나 더 진입하면 혼잡도는 약간 증가하나, 모든 사람들의 혼잡비용을 다 합치면 매우 크다. 각 사람들은 고속도로에 진입할 때 다른 사람들에게 끼치는 외부비용을 고려하지 않기 때문에 지나친 교통 혼잡이 발생한다.

**03** 최적의 교통 혼잡은 혼잡을 제거할 때 발생하는 한계편익과 한계비용이 일치하는 수준이다. 혼잡 제거의 한계비용이 0이 아니라면 한계편익이 0, 즉 교통 혼잡이 전혀 없는 상황이 최적이 되지 못한다.

**04** 이리호는 여러 주와 캐나다까지 접하고 있어 공동 행위를 하기 힘들다. 한 주에서 호수 정화 노력을 하면 다른 주가 무임승차할 수 있다. 반면에 솔트 레이크는 한 주가 관할하므로 무임승차의 문제가 발생하지 않는다.

**05**  키가 크게 보임으로써 사회적으로 혜택을 얻을 수 있다면 하이힐을 신은 사람들은 그렇지 않은 사람들보다 혜택을 본다. 그러나 모든 사람들이 다 같은 높이의 하이힐을 신으면 혜택은 없는 반면에 하이힐로 인한 건강상의 비용을 지불해야 한다.

**06**  오염물질 감축비용을 극소화하려면, 기업들 간의 오염감축의 한계비용이 동일해야 한다. 강제적으로 오염물질을 줄이면 이 조건이 충족되리라고 기대할 수 없다. 그러나 조세부과나 경매를 이용하면 이 조건이 충족되므로 더 효율적이라고 경제학자들은 생각한다.

## 연습문제

**01**  a. 예방접종: 외부경제, 과소생산
b. 담배: 외부불경제, 과다생산
c. 항생제: 외부경제, 타인에게 박테리아를 옮길 가능성이 낮아짐. 과소생산
　　　　　 외부불경제, 박테리아의 내성을 키워 약효를 감소시킬 수 있음. 과다생산

**02**  매연을 방출함으로써 존스가 절약할 수 있는 이득은 $40이다. 반면에 존스가 매연을 방출할 때 스미스가 받은 피해액은 $20이다. 따라서 존스가 스미스에게 $20 이상 $40 이하로 지불하면 두 사람 모두에게 이익이다. 또한 사회적으로도 필터를 설치하지 않는 것이 효율적이다.

|  | 존스가 매연 방출함 | 존스가 매연 방출하지 않음 |
|---|---|---|
| 존스의 이득 | $200 | $160 |
| 스미스의 이득 | $400 | $420 |

03  a. 같이 살게 되면 존과 칼은 합쳐 $200를 절약할 수 있다. 접시 문제에 대한 최소의 해법은 칼이 존이 어질러 놓은 접시를 참고 보는 것이다. 이때 비용이 $175이다. 편익이 비용보다 크므로 같이 살아야 한다. 같이 살 때의 순편익은 $25이다. 이 금액을 칼과 존이 동일하게 나누어 가지려면 칼은 존이 어질러 놓은 접시를 참는 데 대한 보상 $175와 자신의 몫인 $12.5의 합인 $187.5를 절약할 수 있어야 한다. 따라서 칼은 $350 − $187.5 = $162.5를, 존은 $350 − $12.5 = $337.5를 임대료로 지불한다. 그리고 존은 접시를 계속해 어질러 놓는다.

  b. 이 경우 아파트 공동 사용의 비용은 $205가 되어 편익을 초과한다. 따라서 두 사람이 각각 따로 살아야 한다.

04

| | 방음 장치함 | 방음 장치하지 않음 |
|---|---|---|
| 바톤의 이득 | $100 / 일 | $150 / 일 |
| 스테이틀러의 이득 | $120 / 일 | $80 / 일 |

  a. 방음 장치를 하면 바톤은 $50의 비용이 발생한다. 반면에 방음 장치로부터 스테이틀러가 얻는 이득은 $40이다. 따라서 바톤이 방음 장치를 하면서, 두 사람 모두에게 이익이 되는 거래를 할 수 없다. 바톤은 방음 장치를 하지 않는다. 또한 방음 장치를 하지 않는 것이 효율적이다.

  b. 방음 장치를 하지 않으면 바톤의 이득은 $50이다. 반면에 이로 인한 스테이틀러의 손해는 $40이다. 따라서 별도의 비용없이 협상을 한다면, 방음 장치를 하지 않는 조건으로 바톤이 스테이틀러에게 $40 이상 $50 이하의 금액을 보상하면 두 사람 모두에게 이득이 된다. 바톤의 선택은 효율적이다.

  c. 방음 장치를 하지 않는 경우가 하는 경우보다 효율적이다. 문항 a와 b로부터 알 수 있듯이 누가 법적 권리를 가진 것과 상관없이 효율적인 결과가 달성된다.

|  | 방음 장치함 | 방음 장치하지 않음 |
| --- | --- | --- |
| 바톤의 이득 | $100 / 일 | $150 / 일 |
| 스테이틀러의 이득 | $120 / 일 | $60 / 일 |

a. 방음 장치를 안 하면 스테이틀러는 $60를 손해본다. 반면에 바톤은 $50만 이득을 본다. 따라서 바톤이 손해를 보지 않고 스테이틀러에게 방음 장치를 하지 않도록 보상을 해 줄 수 없다. 이 경우 바톤은 방음 장치를 해야 한다. 또한 방음 장치를 하는 것이 효율적이다.

b. 바톤이 방음 장치를 하려면 스테이틀러가 $50 이상을 지불해야 한다. 여기에 협상비용이 $15이므로, 스테이틀러 입장에서는 최소한 $65 이상을 지불해야 한다. 그러나 방음 장치로부터 스테이틀러가 얻는 편익은 $60이다. 따라서 바톤은 방음 장치를 설치하지 않는다. 그 결과는 효율적이지 않다.

c. 방음 장치를 안 하면 바톤은 스테이틀러에게 $60를 보상해야 하고, 또한 추가적으로 협상비용이 발생한다. 따라서 이 경우 $50를 손해보고 방음 장치를 하는 것이 바톤에게 유리하다. 바톤의 선택은 효율적이다.

d. 그 이유는 협상비용이 존재하기 때문이다. 문항 b에서 스테이틀러는 바톤과 협상할 경우 추가적인 협상비용을 지불해야 하므로 효율적인 결과가 발생하지 않는다. 반면에 문항 c에서는 방음 장치를 할 것인지 말 것인지를 바톤이 결정하므로 협상비용을 지불하지 않고, 본인이 스스로 효율적인 결과인 방음 장치를 설치한다.

**06**  a.

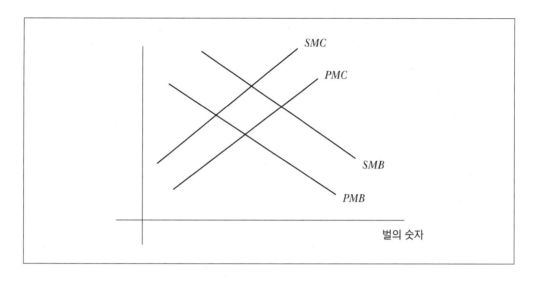

b. 위의 그림에 그려져 있다.

c. 위의 그림에 그려져 있다.

d. 사적 한계편익곡선과 사회적 한계편익곡선의 위치와 사적 한계비용곡선과 사회적 한계비용 곡선의 위치에 따라 많을 수도, 적을 수도 있다.

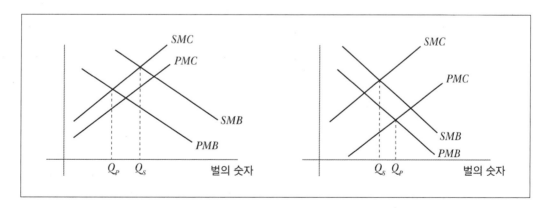

왼쪽 그림의 경우 피비가 사적으로 선택하는 숫자인 $Q_P$가 사회적 최적 산출량인 $Q_S$보다 작다. 반면에 오른쪽 그림에서는 $Q_P$가 $Q_S$보다 크다.

**07** a. 균형거래량은 $5 + 0.1Q = 20 - 0.2Q$를 풀어 얻어진다. 이를 풀면 $Q_P = 50$이다. 소음까지를 고려하면 사회적 한계비용곡선은 $P = 8 + 0.1Q$이다. 따라서 사회적 최적 산출량은 $8 + 0.1Q = 20 - 0.2Q$를 풀어 얻어진다. 이를 풀면 $Q_S = 40$이다. 따라서 균형거래량은 사회적 최적 산출량보다 10만큼 크다(공급곡선을 그대로 두고, 사회적 한계편익곡선을 $P = 17 - 0.2Q$로 놓고 풀어도 동일한 결과를 얻는다).

b. \$3의 세금을 부과하면 공급곡선이 3만큼 위로 이동해 새로운 공급곡선이 $P = 8 + 0.1Q$가 된다. 따라서 3번에서 구한 것처럼 균형거래량이 사회적 최적 산출량이 된다. 그러므로 효율성이 증가한다.

**★**
**08**

| 라마 수 | 1 | 2 | 3 | 4 | 5 | 6 |
|---|---|---|---|---|---|---|
| 라마가격 | 122 | 118 | 116 | 114 | 112 | 109 |
| 총수입 | 22 | 36 | 48 | 56 | 60 | 54 |
| 한계수입 | 22 | 14 | 12 | 8 | 4 | − 6 |

a. 정부 채권의 연이자율이 15%이므로, \$100를 정부채권에 투자하면 \$15의 수입을 얻을 수 있다. 따라서 마을 사람들은 라마의 가격이 \$115 이상인 한 계속해 라마를 구입한다. 순차적으로 구매하면 앞의 3명이 라마를 구입한다. 마을 전체의 순수입은 라마로부터의 순수입은 $16 \times 3 = 48$에 정부 채권으로부터의 수입인 $15 \times 3 = 45$의 합인 \$93이다.

b. 사회적 최적 라마 수는 한계수입이 한계비용인 \$15보다 큰 라마의 숫자이다. 위의 표로부터 사회적 최적의 숫자는 1마리임을 알 수 있다. 마을 사람들이 실제로 키우는 숫자는 3마리이다. 숫자가 다른 이유는 마을 사람들은 자신들이 라마를 한 마리 더 키울 때 다른 사람들이 가지고 있는 라마의 가격이 하락한다는 사실을 고려하지 않고 라마를 키울 것인지를 결정하기 때문이다.

사회적 최적 숫자의 라마가 사육될 때 마을의 순수입은 라마로부터의 수입 \$22에 정부 채권으로부터의 수입 $15 \times 5 = 75$를 더한 \$97이다.

c. 독점적 사용권의 가치는 매년 정부 채권의 수익률을 초과해 얻을 수 있는 $7이다. 따라서 연이자율이 15%이면 매년 $7를 얻는 영구소득흐름의 현재가치는 $7 / 0.15 = $46.67이다. 따라서 독점적 사용권의 가격은 $46.67이다. 마을의 순수입은 문항 b와 동일하게 $97이다.

**09**

| 공정<br>(스모그) | A<br>(4톤 / 일) | B<br>(3톤 / 일) | C<br>(2톤 / 일) | D<br>(1톤 / 일) | E<br>(0톤 / 일) |
|---|---|---|---|---|---|
| 슬러지 오일 회사의<br>비용($ / 일) | 50 | 70 | 120 | 200 | 500 |
| 노스웨스트 목재 회사의<br>비용($ / 일) | 100 | 180 | 500 | 1,000 | 2,000 |

a. 아무런 규제가 없으면 각 기업은 비용이 가장 낮은 공정을 사용하므로, 두 기업 모두 A 공정을 사용한다. 따라서 하루 8톤의 스모그가 배출된다.

b. 각 기업이 하루 배출할 수 있는 스모그의 양은 2톤이다. 따라서 두 기업 모두 A 공정에서 C 공정으로 전환해야 한다. 이 때 사회적 비용은 슬러지 오일 회사의 경우 $120 − $50 = $70, 노스웨스트 목재 회사의 경우 $500 − $100 = $400, 합계 $470이다.

c. 표에 각 기업이 스모그를 1톤씩 추가적으로 줄일 때 한계비용이 표시되어 있다. 따라서 한계비용이 세금인 $T보다 작으면 기업들은 세금을 내는 것보다 스모그 배출량이 낮은 공정으로 전환하는 것이 유리하다. 한계비용이 낮은 순으로 전환하므로 낮은 순서는 20, 50, 80, 80이다. 따라서 T = $80(확실하게 전환을 유도하려면 $80 + 1센트)로 책정하면, 슬러지 오일 회사는 D 공정으로, 노스웨스트 목재 회사는 B 공정으로 전환한다. 이 때 사회적 비용은 슬러지 오일 회사의 경우 $200 − $50 = $150, 노스웨스트 목재 회사의 경우 $180 − $100 = $80의 합인 $230이다.

| 공정<br>(스모그) | A<br>(4톤 / 일) | B<br>(3톤 / 일) | C<br>(2톤 / 일) | D<br>(1톤 / 일) | E<br>(0톤 / 일) |
|---|---|---|---|---|---|
| 슬러지 오일 회사의<br>비용($ / 일) | 50 | 70 | 120 | 200 | 500 |
| 한계비용 | | 20 | 50 | 80 | 300 |
| 노스웨스트 목재 회사의<br>비용($ / 일) | 100 | 180 | 500 | 1,000 | 2,000 |
| 한계비용 | | 80 | 320 | 500 | 1,000 |

**10** 오염 배출권이 없으면 두 기업 모두 E 공정을 사용해야 한다. 따라서 스모그를 1톤씩 추가적으로 배출할 때 절약하는 비용이 크기가 바로 오염 배출권을 추가적으로 한 장 구매하려고 지불하고자 하는 금액이다(한계비용을 E 공정부터 거꾸로 보라). 따라서 슬러지 오일 회사는 첫 번째 오염 배출권에 $300, 두 번째에 $80, 세 번째에 $50, 네 번째에 $20를 지불하고자 한다.

노스웨스트 목재 회사는 첫 번째 오염 배출권에 $1,000, 두 번째에 $500, 세 번째에 $320, 네 번째에 $80를 지불하고자 한다. 따라서 가격이 $81이면 슬러지 오일 회사가 1장, 노스웨스트 목재 회사가 3장을 사고자 한다. 슬러지 오일 회사가 1장의 오염 배출권을 가지고 있으므로, 1톤을 배출할 수 있다. 따라서 D 공정을 선택한다. 노스웨스트 목재 회사는 3장의 오염 배출권을 가지고 있으므로, 3톤을 배출할 수 있다. 따라서 B 공정을 선택한다. 이 때 발생하는 사회적 비용은 7번 문제와 동일하게 $230이다.

# 제12장 정보 경제학

## 복습문제

**01** 예를 들어 화가의 그림에 대한 유보가격, 즉 꼭 받아야 되는 최소한의 가격이 5,000달러일 때 자신이 그림의 구매자를 찾으면 1만 달러를 낼 용의가 있는 구매자를 찾을 수 있다고 하자. 만일 화랑 주인인 3만 달러를 낼 용의가 있는 구매자를 찾을 수 있으면 화랑 주인이 화가보다 더 큰 경제적 잉여를 창출할 수 있다.

**02** 다른 경쟁 모델을 시험 운전할 때 얻는 편익보다 비용이 더 크면 새로운 정보를 얻는 것이 효율적이지 못하다. 따라서 다른 자동차 회사의 경쟁 모델을 시험해 보지 않고 차를 구입하는 것이 합리적일 수 있다.

**03** 현재의 가격에서 팔려고 나온 중고차들의 가치는 그 가격보다 높지 않다. 높으면 그 가격에 팔려고 나오지 않았을 것이다. 반면에 가치가 그 가격보다 높은 중고차들은 팔려고 나오지 않는다. 따라서 팔려고 나오지 않는 중고차의 가치가 팔려고 나온 중고차의 가치보다 높다고 생각할 수 있다.

**04** 판매자가 자신이 소유한 차가 좋은 상태라는 것을 신빙성 있게 전달하지 못하면 상호 이득이 되는 거래가 이루어지지 않을 수 있다. 정직에 대한 도덕적 규범이 높은 지역에서는 판매자가 자신의 차의 상태에 대해 보다 정직하게 말할 것이라고 기대할 수 있으므로, 중고차 시장이 잘 작동할 가능성이 높다. 즉, 레몬의 문제가 발생할 가능성이 적다.

**05** 직업이 있는 사람들이 실업자보다 대출금을 더 잘 갚을 것이므로 은행들은 직업이 있는 여부로 사람들의 대출금 상환 가능성을 평가한다. 즉, 통계적 차별이 발생한다.

06 질병 또는 부상 가능성이 높은 사람들이 보험의 혜택을 가장 크게 누리는 사람들이다. 이런 사람들이 보험에 가입하려면 보험료가 매우 비싸질 것이다. 그러나 모든 사람들이 의무적으로 상해보험에 가입하면, 질병 위험이 낮은 사람들도 가입하므로 질병 위험이 감소해 보험료도 낮아질 수 있다.

## 연습문제

01 부동산 업자를 고용하면 카를로스는 25만 달러에 집을 판다. 부동산 업자에게 수수료로 25만 달러의 5%인 1만 2,500달러를 지불하더라도 실제로 받는 금액인 23만 7,500달러는 휘트니의 유보가격인 15만 달러보다 더 높다. 그러므로 카를로스는 부동산 업자를 고용한다. 부동산 업자를 고용하지 않으면 경제적 잉여는 15만 달러(휘트니의 유보가격)에서 13만 달러(카를로스의 유보가격)를 뺀 금액인 2만 달러이다. 그러나 부동산 업자를 고용하면 30만 달러(애호가의 유보가격)에서 13만 달러(카를로스의 유보가격)와 2,000달러(부동산 업자의 기회비용)를 뺀 16만 8,000달러이다.

02 비슷비슷하게 지어진 집들은 그 품질이 비교적 잘 알려진 제품으로 구매자가 많으면 판매자는 쉽게 구매자를 구할 수 있다. 그러나 독특한 집은 그 집의 가치를 잘 아는 구매자들은 그리 많지 않다. 따라서 바바라가 직접 이 같은 구매자를 찾기가 쉽지 않다. 이 같은 구매자들을 잘 아는 부동산 업자가 앤보다는 바바라에게 더 큰 도움이 된다.

03 인터넷 접속 증가로 인터넷을 통한 중개 서비스가 증가해 인터넷 중개 서비스의 공급곡선이 오른쪽으로 이동한다. 따라서 중개 서비스 비용이 하락한다. 그러므로 사람들이 인터넷 중개 서비스로 이동해, 전통적인 서비스의 수요가 감소하고, 그로 인해 평균 소득 또한 감소한다.

04 a. 주식은 표준화된 재화이므로 변호사 서비스보다 인터넷을 통한 거래가 편리하다. 따라서 인터넷 접속의 증가는 주식 중개인에게 더 큰 영향을 미친다.

b. 의사의 서비스보다 약이 훨씬 표준화된 재화이다. 따라서 위와 동일한 이유로 약사에 더 큰 영향을 미친다.

c. 원작 유화보다 책이 훨씬 표준화된 재화이다. 따라서 위와 동일한 이유로 서점 주인에 더 큰 영향을 미친다.

05 경매를 통해 도자기를 구매하는 것은 거래상을 통해 구매하는 것보다 시간이 더 많이 걸린다. 그러므로 시간의 기회비용이 낮은 사람이 경매를 통해 도자기를 구매할 가능성이 높다. 프레드는 이미 은퇴하였으므로 시간의 기회비용이 현역인 짐보다 높지 않다. 따라서 프레드가 경매를 통해 구입할 가능성이 더 높다. 거래상들도 경매를 통해 도자기를 확보하는 경우가 많다. 이럴 경우 도자기 가격은 거래상들의 수수료를 포함하므로, 경매에서 직접 구입하는 경우보다 비쌀 가능성이 높다.

06 열정적인 팬들이 소수이면 오프라인으로 팬클럽을 조직하고 운영하기 쉽지 않다. 그러나 인터넷을 통해 온라인으로 팬클럽을 조직, 운영하기 더 용이해지므로 열성적인 팬클럽을 가진 영화배우나 음악가의 숫자는 증가할 것이다.

07 자동차의 가치가 시간이 지나도 감소하지 않으므로 결함이 없는 차의 가치는 계속해 1만 달러이다. 따라서 중고차가 2,500달러에 팔리면, 결함이 있는 차들만이 시장에 나오게 된다. 그러므로 결함이 있는 차의 가치는 2,500달러이다. 새 차의 경우 $(100 - x)$%가 결함이 없는 차이고, $x$%가 결함이 있다. 따라서 위험 중립적인 소비자에게 새 차의 기댓값은 $(100 - x) \times 1$만 달러 + $x \times 2,500$달러이다. 새 차의 가격이 5,000달러이므로 $(100 - x) \times 1$만 달러 + $x \times 2,500$달러 = 5,000달러가 성립해야 한다. 이를 $x$에 대해 풀면 $x = 2/3$를 얻는다.

08 a. 광고가 소비자를 설득하는 것은 그 내용이 아니라 광고비 규모이다. 제품의 질에 대해 자신이 없는 기업들은 소비자들이 한 번 써보고 다시 사용하지 않을 제품의 광고를 위해 수십억 달러를 쓰려고 하지 않을 것이다. 그러므로 소비자를 설득하는 것은 광고의 내용이 아니라 광고비의 규모이다. 따라서 거짓이다.

b. 자전거를 사지 않을 손님에게 조언을 해 주는 가격을 책정하는 것은 현실적으로 불가능하다. 따라서 필요한 설명을 듣고 주문은 더 싼 온라인으로 하면 소매상은 최적 수준의 조언을 제공할 유인을 갖지 못한다.

c. 사무실을 가장 화려하게 장식해 놓고, 최고급의 옷을 입은 변호사가 항상 최고의 변호사라는 보장은 없다. 예를 들어, 이 변호사의 승률과 같이, 변호사의 능력에 관한 다른 정보를 얻을 수 있으면 그 정보에 근거해 이 변호사의 고용 여부를 결정해야 한다. 능력 있는 변호사가 수입도 많을 것이므로 다른 아무런 정보가 없으면, 이 변호사를 고용하는 것이 합리적인 선택이 될 수 있다. 따라서 거짓이다.(혹은 조건부로 참이다.)

d. 지역이 넓을수록 선택할 수 있는 배우자의 범위가 크다. 그러므로 탐색으로 인한 편익도 크다. 따라서 참이다.

09 a. 동일한 경력의 초등학교 교사들 사이에 연봉은 큰 차이가 없다. 따라서 소득이나 소비가 교사의 능력을 보여주는 좋은 지표는 아니다. 반면에 부동산 업자의 소득은 중개 수수료이다. 능력에 따라 소득은 크게 차이가 날 수 있다. 따라서 능력에 따라 부동산 업자들 사이에 소득과 소비에 큰 차이가 있을 수 있다. 그러므로 이 경우 부동산 업자이다.

b. 위와 동일한 이유로 치과의사의 경우 운전하는 차가 그 사람의 능력을 나타내는 지표가 될 수 있다.

c. 위와 동일한 이유로 이 경우 민간 부문의 엔지니어이다.

10 많은 유권자들이 평균적인 여성 지도자들이 평화에 지나치게 신경을 쓰는 결과 전쟁 시 효율적인 지도자가 되지 못한다고 생각할 수 있다. 이 경우 여성 지도자들은 이 같은 우려를 불식시키기 위해 남성 지도자보다 더욱 호전적으로 행동할 수 있다.

11 화재 복구의 기대금액은 0.02 × $250,000 + 0.98 × $0 = $5,000이다. 줄리가 위험 기피적이면 기대비용이 $5,000인 위험보다 $5,000를 지불하고 확실한 보장을 받는 것을 더 선호한다. $5,000를 초과하는 금액을 지불할 용의가 있는지는 얼마나 위험 기피적인지에 달려 있다. 더 위험 기피적일수록, 더 큰 금액을 지불하고자 한다.

**12** a. 고위험자의 의료비 지출의 기댓값은 $0.3 \times \$10,000 + 0.97 \times \$0 = \$3,000$이다.

b. 저위험자의 의료비 지출의 기댓값은 $0.1 \times \$10,000 + 0.99 \times \$0 = \$1,000$이다.

c. 고위험자, 저위험자 모두 위험 중립적이면 보험료가 $2,000일 때 고위험자만 가입한다. 따라서 보험회사는 손해를 볼 것이므로, 계속 사업을 유지하기 어렵다.

# 제13장 노동시장, 빈곤, 소득분배

★ 표시된 문제는 다소 어려운 문제임.

## 복습문제

01 한 직종의 임금이 다른 직종과 비교해 상대적으로 상승하면, 다른 직종의 사람들은 임금이 오른 직종으로 전환하게 되어 노동공급량이 증가한다. 따라서 공급곡선은 우상향한다.

02 정상의 소프라노와 거의 비슷한 재능을 가진 소프라노 사이에 수백만 달러의 소득격차가 날 수 있다. 약간의 인적자본의 차이가 큰 소득격차로 이어질 수 있다. 그러므로 거짓이다.

03 생산성이 높은 사람이 더 넓은 시장에서 서비스를 제공할 수 있는 기술이 개발됨으로써 이들의 소득을 더욱 증가시킨다. 반면에 틈새시장에서 일하던 사람들의 소득은 감소하므로 소득 불평등이 증가한다.

04 자신들의 소득 일부를 저소득층에 적절하게 이전하지 못하면, 일반적으로 정부가 개입해 가격상한이나 최저임금제와 같은 비효율적인 방법을 통해 소득이전을 하고자 한다. 또한 공공근로를 통해 소득이 재분배되면 모든 납세자들에게 가치가 있는 재화와 서비스가 생산될 수 있다.

01  샌드라의 한계생산은 매월 60개이고, 한계생산가치는 60 × $25 = $1,500이다. (부품을 구입하기 위해 $1를 사용해야 하므로 $26가 아니라 $25이다.) 보비의 한계생산가치는 70 × $25 = $1,750이다. 따라서 샌드라와 보비의 임금은 각각 $1,500와 $1,750이다.

02  부품 가격을 제외하고 배 한 척을 판매할 때의 수입은 $5,000이다. 윌리의 한계생산은 월 1/5대이므로 한계생산가치는 $5,000 × (1/5) = $1,0000이다. 보비의 한계생산은 월 1/10대이므로 한계생산가치는 $5,000 × (1/10) = $500이다. 따라서 윌리는 월 $1,000, 샘은 월 $500를 번다.

03

| 근로자수 | 0 | 1 | 2 | 3 | 4 | 5 | 6 |
|---|---|---|---|---|---|---|---|
| 청바지 산출량 | 0 | 25 | 45 | 60 | 72 | 80 | 85 |
| 한계생산 | | 25 | 20 | 15 | 12 | 8 | 5 |
| 한계생산가치 ($35) | | 750 | 600 | 450 | 360 | 240 | 300 |
| 한계생산가치 ($45) | | 1,000 | 800 | 600 | 480 | 320 | 200 |

* 청바지 가격이 $35이면 한계생산가치 계산 시 옷감 가격인 $5를 제외한 $30로 계산해야 함. 같은 이유로 청바지 가격이 $45이면 $40로 계산해야 함.

a. 한계생산가치가 임금인 $250보다 크면 고용한다. 따라서 위의 표에서 4명만을 고용함을 알 수 있다. 산출량은 주당 72벌이다.

b. 균형임금이 최저임금보다 높으므로 최저 임금은 아무런 영향을 미치지 못한다.

c. 한계생산가치가 최저임금인 $400보다 높은 경우에 한해 고용한다. 따라서 3명만 고용한다.

d. 한계생산가치가 $250보다 높은 경우에 고용하므로 위의 표 제 5행을 보면 5명을 고용함을 알 수 있다.

04

| 근로자수 | 0 | 1 | 2 | 3 | 4 | 5 |
|---|---|---|---|---|---|---|
| 산출량 | 0 | 200 | 360 | 480 | 560 | 600 |
| 한계생산 | | 200 | 160 | 120 | 80 | 40 |
| 한계생산가치 ($10) | | 2,000 | 1,600 | 1,200 | 800 | 400 |
| 한계생산가치 ($15) | | 3,000 | 2,400 | 1,800 | 1,200 | 600 |

a. 한계생산가치가 $1,000 이상인 경우만 고용하므로, 위의 표의 제 3행에서 3명을 고용함을 알 수 있다. 이 때 산출량은 480박스이다.

b. 한계생산가치가 $1,500 이상인 경우만 고용하므로, 위의 표의 제 3행에서 2명만을 고용함을 알 수 있다.

c. 한계생산가치가 $1,000 이상인 경우만 고용하므로, 위의 표의 제 4행에서 4명을 고용함을 알 수 있다.

05  a. 모든 소득이 슈에게 귀속되므로, 이 경우 슈가 얻는 경제적 잉여는 $100 − $5 = $95이다.

b. $100를 400명에게 골고루 나누어 주면 슈는 25센트를 받는다. 이 경우 일을 할 때 슈의 경제적 잉여는 $0.25 − $5 = − $4.75이다. 경제적 잉여가 음이므로 슈는 이 일을 하지 않는다.

c. 일하는 것이 효율적임에도 불구하고, 자신이 일한 것에 대한 보상을 문항 b에서와 같이 여럿이 나누어야 하면 슈는 일하지 않는다. 따라서 근로자들의 근로 유인을 저하시킨다.

**06** a. 각종 프로그램으로부터 얻는 혜택이 소득의 40%인 $120 × 0.4 = $48 감소한다. 따라서 세 가지 프로그램으로부터의 혜택 감소분은 $48 × 3 = $144이다. 이전의 소득은 $150 × 3 = $450이다. 새로운 소득은 $450 − $144 + $120 = $426이다. 이전보다 감소함을 알 수 있다.

b. 문항 a에서 보다시피, 일을 하면 오히려 총수입이 감소할 수 있다. 따라서 이 경우 복지 프로그램의 수혜자들은 일을 하려고 하지 않는다.

**07** 이미 균형임금이 최저임금보다 높으므로, 아무런 영향을 미치지 않는다.

**★**
**08** a. 최저임금제 이전의 균형임금은 $10, 균형고용량은 10,000시간이다. 따라서 고용주 잉여는 $(1 / 2) × ($20 − $10) × 10,000 = $50,000$이고, 근로자 잉여도 동일하게 $(1 / 2) × $10 × 10,000 = $50,000$이다. 그림으로부터 수요곡선과 공급곡선을 찾아보면 수요곡선은 $W = 20 − L / 1,000$, 공급곡선은 $W = L / 1,000$임을 알 수 있다. 따라서 최저임금이 $12이면 고용량은 $12 = 20 − L / 1,000$를 풀면 $L = 8,000$을 얻는다. 따라서 최저임금제 이후의 고용주 잉여는 $(1 / 2) × ($20 − $12) × 8,000 = $32,000$이다. 최저임금제 이후의 근로자 잉여는 사다리꼴의 면적으로 $(1 / 2) × \{$12 + ($12 − $8)\} × 8,000 = $64,000$이다. 따라서 최저임금제로 인해 고용주 잉여는 $18,000 감소했고, 근로자 잉여는 $14,000 증가했다. 최저임금제로 인한 경제적 순손실은 $4,000이다.

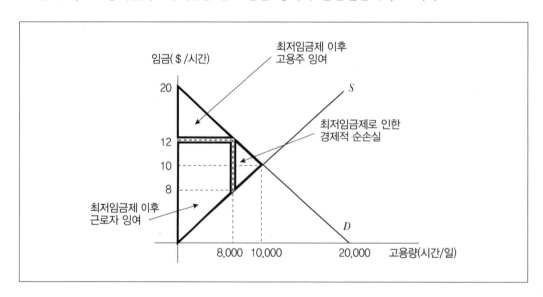

b. 최저임금제가 있으면, 없는 경우와 비교해 근로자 잉여는 $14,000 증가한다. 최저임금제가 없을 때 균형임금은 $10이고, 고용시간은 1만 시간이다. 따라서 최저임금제가 없을 때, 있는 경우와 동일한 혜택을 근로자에게 주려면 시간당 임금 $10에 $1.4의 근로소득세를 환급해주면 된다. 근로자들은 최저임금제와 동일하게 $14,000의 혜택을 얻는다.

★
09  8번 문제에서 보았듯이, 최저임금을 $12로 결정하면 근로자 잉여는 $14,000 증가하고, 고용주 잉여는 $18,000 감소한다. 따라서 최저임금제 대신 근로소득세 환급제도를 사용하면 고용주들은 $18,000까지 지불할 용의가 있다. 반면에 근로자들은 $14,000 이상만 더 받을 수 있으면 근로소득세 환급제도를 지지할 용의가 있다. 예를 들어, 고용주에게 $16,000를 징수해 근로자들에게 시간당 임금에 $1.6를 환급해 주면, 최저임금제와 비교해 고용주의 잉여도 증가하고 근로자의 잉여도 증가한다.

# 제14장 공공재와 조세정책

**01** a. 캠퍼스의 가로등, NPR 라디오 방송. 스티븐 킹의 소설은 여러 명이 동시에 읽으려고 하면 경합성이 있음. 그러나 돌아가면서 읽으려고 하면 경합성이 없다.

b. 캠퍼스의 가로등, NPR 라디오 방송

**02** a. 경합성이 높지만 배제성은 낮은 재화: 공유재에 해당하는 재화로 공해상의 물고기, 누구나 진입할 수 있는, 교통이 밀리는 고속도로가 여기에 해당된다.

b. 비경합성은 높지만 배제성은 높은 재화(배제성이 낮은 재화가 아닌 높은 재화임): 집단재에 해당하는 재화로 유료 TV, 교통 체증이 없는 고속도로 등이 해당된다.

c. 비경합성과 비배제성이 높은 재화: 공공재에 해당하는 재화로 국방, 치안, 불꽃놀이 등이 해당된다.

**03** 인두세는 가난한 사람들에게 부과할 수 있는 세금의 양이 제한되어 있다. 비례세는 부유한 사람들에게 더 많이 거둘 수 있다. 부자들이 비례세를 통해 추가적인 비용을 부담하더라도 한계편익이 한계비용보다 더 크면 비례세를 인두세보다 더 선호할 수 있다.

**04** 외부불경제를 창출하는 행동의 경우 사회적 최적보다 과다하게 시행된다. 따라서 세금이 부과되면 이들 행동이 시행되는 정도를 감축시켜 자원배분이 향상될 수 있다. 또한 발생하는 조세수입을 다른 유용한 공공재를 공급하는 데 사용할 수 있다. 따라서 참이다.

05 조세수입을 공공재를 공급하는데 사용하면 공공재로부터 발생하는 편익을 계산에 포함시
   켜야 한다. 이를 포함시키지 않으면 세금으로 인한 총잉여의 감소분은 세금의 효과를 과장
   한 것일 수 있다.


연습문제

01 a. 공영 라디오 방송은 공공재이므로 수요곡선을 수직으로 더해야 한다. 따라서 시장 수요
      곡선은 다음과 같다.

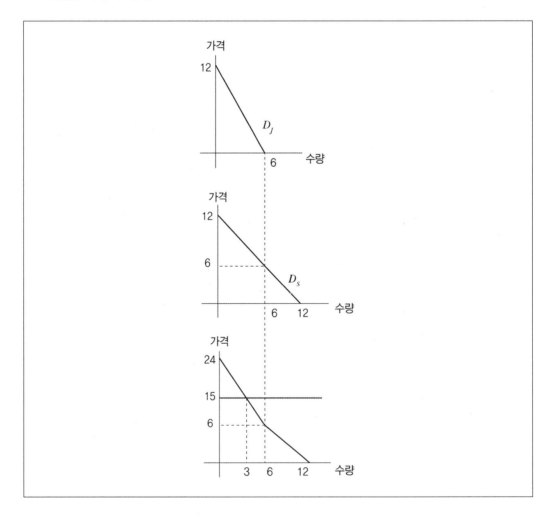

시장 수요곡선을 식으로 나타내면 다음과 같다. $Q \leq 6$인 경우 $P = 24 - 3Q$, $6 < Q \leq 12$인 경우, $P = 12 - Q$이다.

b. 한계비용이 \$15이면 사회적 최적 방송 시간은 가격 = 한계비용에 의해 결정된다. 따라서 $15 = 24 - 3Q$를 풀면 $Q = 3$을 얻는다. 따라서 사회적 최적 방송 시간은 3시간이다. 이는 앞의 그림에 표시되어 있다.

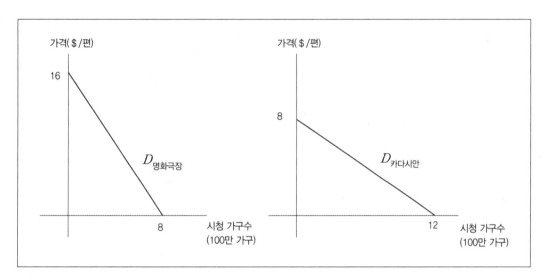

a. 방송국은 이윤을 극대화하는 프로그램을 선택한다. 카다시안 가족 따라하기는 1회 방송 시 1,200만 가구가 시청한다. 반면에 명화극장은 800만 가구만 시청한다. 그러므로 각각의 프로그램에 대해 방송국이 광고비로 받는 금액은 120만 달러와 80만 달러이다. 제작비인 40만 달러를 빼면, 방송국은 카다시안 가족 따라하기로부터 80만 달러의 이윤을, 명화극장으로부터 40만 달러의 이윤을 얻는다. 또한 체중 감량 프로그램 방영시 이윤은 50만 달러이다. 그러므로 방송국은 카다시안 가족 따라하기와 체중 감량 프로그램을 선택한다.

b. 카다시안 가족 따라하기 방송시 소비자 잉여는 $(1 / 2) \times \$8 \times 1{,}200$만 가구 = 4,800만 달러이고, 명화극장 방송시 소비자 잉여는 $(1 / 2) \times \$16 \times 800$만 가구 = 6,400만 달러이다. 두 프로그램의 소비자 잉여는 체중 감량 프로그램의 경제적 잉여인 500만 달러보다 크다. 그러므로 방송국이 두 개의 프로그램을 방송하려면, 명화극장과 카다시안 가족 따라하기를 방송하는 것이 효율적이다.

## 03 정답 (e)

a. 한계비용이 0이므로 가격을 0으로 책정하는 것이 효율적이다. 그러나 유료 방송의 가격은 0보다 크므로 효율적이지 않다.

b. 광고수입은 시청자 수에 비례하는 데, 이윤을 극대화하는 프로그램이 항상 가장 많은 시청자가 보는 프로그램이라는 보장이 없다.

c. 두 경우 모두 추가적인 시청자에게 프로그램을 제공하는 한계비용은 0이다.

d. 광고수입으로 프로그램을 제작 시 소비자 잉여가 가장 큰 프로그램이 선택되는 것이 아니라, 시청자 수가 가장 많은 프로그램이 제작된다. 반면에 유료 방송 시 가격이 0보다 크다. 후자의 비효율성이 전자의 비효율성보다 클 수 있다.

e. 광고수입으로 제작되면 가장 많은 사람들이 시청을 원하는 프로그램이 방송된다. 반면에 유료 TV는 사람들이 가격을 지불하므로 각자 원하는 프로그램을 볼 수 있다. 따라서 다양성이 증가된다.

## 04 정답 (e)

a. 일반적으로 가치가 높은 사람들이 더 많은 비용을 지불하므로, 사람들은 자신들의 진짜 가치를 낮게 말할 유인을 가진다.

b. 공공재 공급 비용을 어떻게 배분하는가에 따라 각 사람이 지불해야 하는 금액은 클 수 있다. 아래 7번 문제의 (b)에서와 같이 한 사람이 비용의 거의 대부분을 부담하는 경우도 있을 수 있다.

c. 비용을 부담하지 않는 사람들은 공공재 공급 시 편익을 얻으므로 공공재가 공급되기를 원한다. 공공재에 대한 가치가 클수록 공공재가 공급될 확률이 높으므로, 비용을 부담하지 않는 사람들은 자신의 진짜 가치를 과장해 말할 유인이 있다.

d. 자신뿐만 아니라 다른 사람들이 공공새에 부여하는 가치가 클수록 공공재가 공급될 가능성이 높다. 또한 다른 사람들이 공공재 공급 비용 전체를 지불할 만큼의 가치를 부여하면 무임승차하기가 용이하다.

e. 위의 문장 가운데 a, d, d가 무임승차 문제가 발생하는 이유이다.

| 유권자 | 애니타 | 브랜든 | 칼리나 | 달라스 | 엘로이스 |
|---|---|---|---|---|---|
| 한계편익 | 340 | 290 | 240 | 190 | 140 |
| 총수입 | 340 | 580 | 720 | 760 | 700 |
| 한계수입 | 340 | 240 | 140 | 40 | − 60 |

**05**

a. $200의 비용을 부담하면 애니타, 브랜든, 칼리나는 찬성하고, 달라스와 엘로이스는 반대한다. 과반수가 찬성하므로 주민발의는 통과된다.

b. 독점인 민간 기업이 단일 가격을 책정하면, 한계수입이 0보다 큰 주민에게 팔고자 한다. 위의 표를 보면 달라스까지 팔 때가 한계수입이 0보다 크다. 그러므로 단일 요금으로 $190를 책정하며, 이때 총수입은 $760이다. 총수입이 건설비용인 $1,000보다 적으므로 민간 기업은 단일 요금을 책정할 경우 박물관을 지으려고 하지 않는다.

c. 완전 가격차별을 할 수 있으면, 민간 기업은 소비자별로 그들의 유보가격, 즉 한계편익만큼을 가격으로 책정한다. 이 경우 총수입은 $1,200이다. 그러므로 민간 기업은 매년 $200의 경제적 이윤을 얻는다. 따라서 민간 기업들은 매년 $200를 얻는 영구소득흐름의 현재가치만큼을 입찰한다(구체적으로 현재가치를 구하려면 연이자율에 대한 정보가 필요하다).

**06**

a. 질이 잭보다 더 큰 금액을 제공할 용의가 있다. 따라서 경비원이 책정할 수 있는 최대 금액은 $150이다.

b. 반반씩 부담하면 잭은 비용($60)이 편익($50)보다 더 크다. 따라서 잭은 이 제안에 반대한다. 고용하지 않으면 총잉여는 0이다. 고용하면 총잉여는 $50 + $150 − $120 = $80이다. 따라서 고용할 경우의 총잉여가 더 크다.

**07**

a. $x$%를 비례세로 지불하면 두 사람이 지불하는 금액은($1,000 + $11,000) × ($x$ / 100) = $120를 풀면 $x = 1$을 얻는다. 즉, 소득의 1%를 비례세로 제공하도록 하면 된다.

b. 잭이 $x$, 질이 $y$를 부담한다면, 먼저 $x + y = 120$이 성립해야 한다. 다음으로 이 경우 잭은 $50 - x$, 질은 $150 - y$를 얻는다. 따라서 $50 - x = 150 - y$가 성립해야 한다. 두 식을 연립해 풀면, $x = 10$, $y = 100$을 얻는다. 이 제안이 통과되면 질은 \$40의 편익을 얻는다. 그렇지 않을 경우 편익은 0이다. 따라서 질은 이 제안에 동의한다.

c. 문항 b와 같은 제안을 하려면, 경비원을 고용할 때 각 사람이 얻는 편익에 대한 정보가 있어야 한다. 그러나 두 사람 모두, 다른 사람들이 좀 더 많은 비용을 부담하도록 하기 위해 자신이 얻는 편익을 낮게 말할 유인이 있다. 각 사람의 편익에 대한 정확한 정보가 없는 경우 적용하기 힘들다.

**08**

| 유권자 | A | B | C |
|---|---|---|---|
| 한계편익(\$ / 주) | 12 | 5 | 2 |
| 총수입 | 12 | 10 | 6 |
| 한계수입 | 12 | − 2 | − 4 |

a. 인두세의 경우 각 사람이 \$6씩 지불해야 한다. 그러므로 B와 C는 인두세에 반대한다. 수영장이 건설되면 유권자의 한계편익의 합은 \$19로, 이는 건설비용보다 크다. 따라서 건설하는 것이 효율적이다. 그러나 인두세를 이용하면 건설되지 못한다.

b. 일단 수영장이 건설되면, 그 이후의 한계비용은 0이다. 단일 가격을 책정하면 한계수입이 0보다 큰 소비자들에게 팔려고 한다. 위의 표를 보면 한계수입이 0보다 큰 경우는 1명에게 \$12를 책정해 파는 경우이다. 이 경우 수입이 비용보다 작으므로 이 사업권은 경매에서 팔리지 않는다. 그 결과는 문항 a와 같이 비효율적이다.

c. 완전 가격차별을 하면 독점기업은 각 소비자에 대해 그들의 한계편익을 가격으로 책정한다. 따라서 총수입은 \$19이다. 따라서 독점기업은 주당 \$1의 경제적 이윤을 얻는다. 그러므로 이 사업권은 경매에서 매주 \$1를 버는 영구소득흐름의 현재가치만큼의 가격에 팔린다(이를 구체적으로 계산하려면 주당 이자율에 대한 정보가 필요하다). 그 결과는 효율적이다.

d. 모든 기업들이 동일하게 로비를 하면 각 기업들이 승리할 확률은 1/4이다. 따라서 기대이윤은 주당 25센트이다. 그러나 다른 기업들보다 약간만 더 로비비용을 지출하면 주당 $1의 이윤을 얻을 수 있다. 따라서 본문의 $20 지폐 경매에서 보았듯이, 기업들이 추가적으로 로비비용을 증가시킬 유인이 있으므로 기대이윤보다 더 높은 로비비용을 지불할 가능성이 매우 높다.

# 제15장

# 거시경제학: 경제의 조감도

## 복습문제

**01** 1930년대 재앙적인 경제적 붕괴를 겪으면서 경제학자 및 정책결정자들은 경제가 어떻게 작동하는지, 높은 실업률과 같은 문제들을 해결하기 위해 경제정책이 어떻게 사용될 수 있는지에 대하여 이해가 매우 부족함을 깨닫게 되었다. 또한 대공황을 이해하기 위해서는 개별 기업, 개별 소비자, 개별 시장들의 측면이 아니라 국가 경제 전체의 측면에서 경제를 연구하는 것이 필요하다고 느꼈다. 그리하여 대공황은 "거시경제학" 분야의 태동, 즉 국가 경제의 성과와 그 성과를 향상시키기 위해 사용될 수 있는 정책을 연구하는 분야를 만들어내는 주요 동인이 되었다.

**02** 평균적으로 한국 국민의 생활수준은 다른 선진국들에 비해 괄목할 만한 향상을 나타냈다. 50여 년 전 한국의 일인당 국민소득은 주요 선진국들의 1 / 20~1 / 30 정도에 지나지 않을 정도로 큰 격차를 보였으나 1960년대 이후 수십년 동안 평균 6% 이상의 고도성장을 이룩하여 그 격차는 크게 감소하였다. 2018년 한국의 국민 일인당 총생산은 1963년 수준의 거의 25배 이상으로, 근로자 일인당 총생산은 거의 14배로 증가하였다. 2018년 한국의 일인당 국민총소득(GNI)은 미국의 50% 수준, 일본 및 다른 주요 선진국들의 70~80% 수준에 달하고 있다. 일인당 총생산의 이러한 급속한 증가는 평균적인 사람들의 생활방식, 소비량의 증가뿐만 아니라 건강, 교육 수준과 같은 삶의 질을 측정하는 여러 가지 지표들에 있어서도 커다란 변화를 가져왔다.

**03** **평균 노동생산성**(average labor productivity)은 근로자(취업자) 일인당 총생산이다. 우리가 평균적으로 소비할 수 있는 양은 우리가 평균적으로 생산하는 양에 의해 결정되기 때문에 근로자 일인당 총생산의 증가는 평균적인 생활수준 향상을 의미한다. 한국에서 근로자 일인당 총생산은 지난 50여 년 동안 14배 이상으로 증가하였다. (국민 일인당 총생산이 더 빠르게 증가했다는 사실은 과거보다 오늘날 더 높은 비율의 인구가 직업을 가지고 있다는 사실을 반영한다.)

**04** 거짓. 경제성장은 일정한 증가율로 진행되지 않고 때때로 빨라지거나 느려지거나 한다. 경제성장의 지체를 **경기침체**(recessions)라고 부르고 (또는 특히 심각한 경우는 **불황**(depressions)), 경제성장의 가속을 **경기팽창**(expansions)이라고 (특히 빠른 경제성장은 **호황**(booms)) 부른다. 경기침체와 경기확장의 원인들은 거시경제학의 중요한 주제이다.

**05** 거짓. 이슈들에 대한 객관적인 분석은 제안된 정책의 예상되는 효과들에 관한 논쟁을 해소할 수 있다(**실증적** 분석). 그러나 객관적 분석은 정책이 실행되어야 하는가(**규범적** 질문)의 문제에는 답하지 않는다. 정책이 실행되어야 하는지에 대한 결정은 보통 주관적인 가치에 대한 논쟁을 포함하며(예를 들어, 정책의 예상되는 결과가 바람직한 것인가에 대한), 순수한 객관적 분석만으로는 해소될 수 없다.

**06** a. 구조정책

b. 재정정책

c. 통화정책

d. 재정정책

e. 구조정책

07 개인, 팀, 리그 전체의 야구 통계는 다양한 질문들에 답하기 위하여 사용된다. 예를 들어, 선수 개인의 타율은 그 선수의 성과를 평가하는 데 유용하다. 팀 타율은 팀의 타격코치나 팀의 운영의 성과에 관한 정보를 제공한다. 리그 전체의 타격 통계는 규정의 변화, 플레이 스타일 등의 변화의 전반적인 효과에 관한 정보를 제공한다. 예를 들어, 2019년에 KBO 한국 프로야구 리그 전체의 홈런 수가 급감했을 때 야구공의 반발력이 감소한 것이 원인인지 또는 다른 변화(투수력의 변화 등과 같은)가 장타력 감소의 원인인가에 대한 의문이 제기되었다. 선수들의 집단적인(팀, 리그) 통계를 계산하는 것은 집계의 한 예이다. 거시경제학에서와 같이 통계자료를 통한 집계는 발전과 추세의 "조감도(bird's-eye view)"를 보여준다.

## 연습문제

01 인구증가율 하락과 은퇴인구 비중의 증가는 둘 다 취업자 수가 느리게 증가하게 됨을 의미한다. 평균 노동생산성(근로자 일인당 총생산)이 계속 증가한다고 가정하면 근로자 수의 증가율이 하락하여 총생산은 전보다 더 느리게 증가할 것이다. 평균 노동생산성이 정체된다면 총생산은 매우 느리게 증가하거나 또는 감소할 수도 있을 것이다.

생활수준은 총생산에 의존하는 것이 아니라 총생산을 총인구로 나눈 값에 달려있다. 인구증가율이 하락할 때 총생산은 감소하고 그 총생산을 나누어 가질 총인구수도 감소한다. 따라서 인구증가율 저하 그 자체는 생활수준에 영향을 주지 않을 것이다. 그러나 다른 모든 조건이 일정할 때, 인구 중 취업자가 차지하는 비중의 감소는 일인당 총생산을 감소시키고 생활수준을 낮추게 된다. 생산성 증가율의 둔화 또는 정체는 이러한 문제를 더 악화시킬 것이다.

02 평균 노동생산성(근로자 일인당 총생산)의 감소가 인구 중 취업자 비중의 증가로 상쇄된다면 가능하다. 간단한 예를 들면, 한 경제가 두 명으로 구성되어 있고 이 중 한 명이 일을 한다고 가정하자. 한 명의 근로자는 10단위의 생산물을 생산하여 평균 노동생산성은 10이다. 일인당 총생산은 (10 / 2 = ) 5 이다. 이제 평균 노동생산성이 8로 하락하지만 두 사람 모두 일한다고 가정하자. 총생산은 16이고 일인당 총생산은 8이므로 평균 노동생산성(근로자 일인당 총생산)이 하락하였음에도 불구하고 평균 생활수준(일인당 총생산)은 높아졌다.

**03** 답변은 최근의 경제 통계자료에 따라 달라지므로 여러분이 직접 한국은행 경제통계시스템 (http://ecos.bok.or.kr/)에 접속하여 국민계정 자료를 가지고 계산해 보자. (10.2.2.3 국내 총생산에 대한 지출(원계열, 명목, 분기 및 연간) 항목의 연간자료를 이용하여 비율을 구할 수 있을 것이다.)

**04**  a. 실증적 주장. 이 주장은 이자율 정책의 효과에 대한 것이며 정책이 사용되어야 하는지 에 대한 가치 판단이 아니다.

  b. 규범적 주장. "해야 한다"라는 어구가 있으며 인플레이션을 낮추어야 한다는 판단이 포 함되어 있다. (중앙은행이 무엇을 해야 한다는 주장)

  c. 실증적 주장. 이 주장은 경기둔화로 인해 나타나는 효과에 대한 예측이며 이 사건에 대 응하여 무엇을 해야 한다는 가치 판단이나 정책제안을 표현하고 있지 않다.

  d. 실증적 주장. 이 주장은 정책의 효과에 대한 예측이며 정책이 사용되어야 하는가에 대 한 주장이 아니다.

  e. 규범적 주장. 이 주장은 정책의 가능한 효과에 대한 것이 아니라 바람직한 정책제안에 관한 것이다.

**05**  a. 미시경제학 (한 개별 기업의 경영에 대한 것이므로 미시경제학의 주제이다.)

  b. 미시경제학 (정부 보조금이 설탕 가격에 미치는 효과는 특정한 재화인 설탕 시장의 수 요와 공급에 관련된 주제이기 때문에 미시경제학의 주제이다. 정부의 행동은 거시경제 학의 주제가 될 수 있지만, 여기에서는 국가 경제 또는 경제 전체에 관련된 이슈가 아 니다.)

  c. 거시경제학 (경제 전체의 행태; 전반적인 추세를 연구하기 위해 집계를 이용한다. 한국 경제의 평균임금에 영향을 주는 요인들에 대한 연구는 거시경제학 주제이다. 경제 전체 의 평균임금은 집계변수의 개념이다.)

d. 거시경제학 (인플레이션은 경제 전체의 행태에 관련된 것이므로 거시경제학의 주제이다.)

e. 거시경제학 (소비지출에 대한 조세 감면의 효과는 거시경제 전체의 소비 지출의 행태에 대한 것이므로 거시경제학의 주제이다.)

# 제16장 경제활동의 측정: GDP, 실업

## 복습문제

**01** 경제학자들은 시장가치를 이용하여 여러 가지 다양한 종류의 재화와 서비스를 합하여 총생산의 측정지표를 얻을 수 있기 때문에 GDP를 계산할 때 시장가치를 사용한다. 예를 들어, 우리는 사과, 바나나, 신발의 생산 수량을 그대로 더할 수는 없지만 각각의 시장가치를 더하는 것은 가능하다. 각 재화의 시장가격은 구매자들이 부여하는 가치를 측정하기 때문에 GDP를 계산할 때 가치가 낮은 재화보다 가치가 높은 재화에 높은 가중치를 부여하는 것은 당연한 것이다. 예를 들어, 평균적인 사람에게 자동차는 치즈버거보다 더 가치 있을 것이며 GDP를 계산할 때 이러한 점이 시장가격에 반영되어 있다. $20,000의 자동차는 $4 더블 치즈버거의 5,000배에 해당한다.

**02** 생산자들이 자신이 생산한 생산물을 직접 소비할 경우 이러한 농작물은 시장을 경유하지 않기 때문에 시장가치가 부여되지 않는다. 이런 경우 GDP를 적절하게 측정하기 위하여 생산자들이 자가소비하는 농작물의 가치를 추정하는 것이 필요하지만 그것은 어려운 일이다. 자급자족하는 농부들이 생산하는 농작물의 가치를 통계집계원들이 누락하거나 과소평가하는 만큼 국가의 공식적인 GDP 통계는 실제 GDP를 과소평가하게 될 것이다.

03  여러 가지 답변이 가능하지만 아래와 같은 예를 들어 답할 수 있다.

① 소비: 내구소비재, 비내구소비재, 서비스(예를 들어, 자동차, 의복, 이발, 세탁)

② 투자: 공장, 기계, 주택 등의 신규 자본재의 구입. 신규 건설(신규 주택 및 신규 아파트)도 투자지출의 예이다.

③ 정부구매: 군수장비, 공립학교 선생님들의 교육 서비스와 같이 정부에 의한 재화와 서비스의 구입. 이전지출(예를 들면, 사회보장 지출)은 이 범주에 포함되지 않는다.

④ 순수출: 수출에서 수입을 뺀 것, 예를 들어 중국이 구입한 한국 IT제품은 수출에 해당하고 한국인이 구입한 독일 자동차는 수입에 해당한다.

소비는 GDP의 네 가지 구성부분 중에서 가장 큰 비중을 차지한다 (한국의 경우 약 50%, 미국의 경우 약 2 / 3). 음수일 수 있는 구성부분은 순수출과 투자의 일부인 재고투자이며, 수입이 수출을 초과한다면 순수출은 음수가 되며 재고가 감소하였다면 재고투자는 음수가 된다.

04  명목 GDP:

작년: (1,000켤레) × ($4 / 켤레) = $4,000

올해: (1,200켤레) × ($5 / 켤레) = $6,000


작년을 기준연도로 사용할 때 실질 GDP:

작년: (1,000켤레) × ($4 / 켤레) = $4,000

(이것은 명목 GDP와 동일하다. 기준연도에서는 실질GDP와 명목GDP가 항상 같기 때문이다.)

올해: (1,200켤레) × ($4 / 켤레) = $4,800


GDP에 대한 앨버트의 기여분은 작년에 비해 20%($4,800 / $4,000 = 1.20) 증가하였으며 이것은 실물 생산수량의 증가와 동일하다(1,200켤레 / 1,000켤레 = 1.20). 실질 GDP는 가격변화의 효과를 제거하고 생산물의 실물 생산수량을 측정하기 때문에 앨버트의 생산성 변화를 측정할 때 사용할 수 있는 적절한 통계지표이다.

**05** 이것은 규범적 이슈이므로 다양한 답변이 가능하다. 교과서에서는 GDP가 경제적 복지의 중요한 측면들을 측정하지 못하는 여러 가지 경우들, 즉 여가의 가치, 시장 밖의 경제활동, 환경의 질, 자원 고갈, 범죄율과 같은 "삶의 질" 지표, 경제적 불평등 등이 반영되지 않음을 지적하고 있다. 그렇지만 GDP는 이용가능한 재화와 서비스의 양을 측정하며 영양, 건강, 교육년수와 같은 복지지표들과 밀접히 관련되어 있다.

**06** 거짓. 경제활동참가율은 성인 인구(15세 이상 인구) 중 경제활동인구(취업자와 실업자의 합)가 차지하는 비중이다. 이것은 본질적으로 취업하고 있거나 또는 구직활동을 하고 있는 성인 인구의 비중을 측정한다. 경제활동인구 중 많은 사람들이 실업상태에 있더라도 경제활동참가율은 높아질 수 있다.

**07** 높은 실업률의 비용에는 경제적 비용(총생산 손실), 심리적 비용(예를 들어, 실업자의 좌절감과 자존감의 상실), 사회적 비용(예를 들어, 범죄 증가)이 있다. 실업자에 대한 정부 보조금 증가의 효과에 대하여는 논란의 여지가 있다. 정부의 보조금이 충분히 많으면 실업자들이 일자리를 빨리 찾을 유인이 감소되기 때문에 아마도 실업의 경제적 비용을 증가시킬 것이다. 정부 보조금의 증가는 아마도 심리적 비용(가족을 부양하는 걱정)을 감소시키고 다른 비용들("보조금"을 받음으로써 발생하는 자존감의 상실)을 증가시킬 것이다. 실업 보조금이 증가하면 실업자들에게 더 높은 수준의 소득이 제공되므로 아마도 범죄 등 사회적 비용은 감소할 것이다.

## 연습문제

**01** 생산량의 시장가치는 (물고기 300마리 × 조개껍질 1개) + (멧돼지 5마리 × 조개껍질 10개) + (바나나 200송이 × 조개껍질 5개) = 300 + 50 + 1,000 = 1,350. 존이 미끼를 단 것은 중간 서비스이므로 GDP에 포함되지 않으며, 또한 현존하는 자산(바나나 나무)의 구매 역시 GDP에 포함되지 않는다. 따라서 이 섬의 GDP는 조개껍질 1,350개이다.

**02** a. 정부의 서비스 구입; GDP가 $10억 증가한다.

b. 이전지출; 이전지출은 GDP에 포함되지 않으므로 GDP는 변화하지 않는다.

c. 정부의 재화 구입; GDP가 $10억 증가한다.

d. 정부의 이자 지급; 정부가 국채 보유자에게 지급하는 이자는 GDP에 포함되지 않으므로 GDP는 변화하지 않는다.

e. 정부의 $10억 재화 구입은 순수출 − $10억(원유는 수입)에 의해 정확히 상쇄된다. GDP는 변화하지 않는다. 국내에서 추가적인 생산이 일어나지 않았으므로 GDP에 영향을 주지 않는 것이 합당하다.

**03** 각 기업의 부가가치는 다음과 같다:

| 회사 | 생산량 | 단위당 가격 | 수입 | 투입비용 | 부가가치 |
|------|------|------|------|------|------|
| 정보회사 | 100 | $200 | $20,000 | $0 | $20,000 |
| 마이크로소프트 | 100 | $50 | $5000 | $0 | $5,000 |
| 벨 컴퓨터 | 100 | $800 | $80,000 | $25,000 | $55,000 |
| PC 찰리 | 100 | $1,000 | $100,000 | $80,000 | $20,000 |

부가가치의 합 = $20,000 + $5,000 + $55,000 + $20,000 = $100,000

이것은 최종 재화와 최종 서비스의 합계인 $100,000와 동일하다. 이 금액은 PC 찰리가 대당 $1,000에 판매한 100대의 컴퓨터의 가치인 $100,000이다.

**04** a. 각 기업의 부가가치는 다음 표와 같다.

| 회사 | 수입 | 투입 비용 | 부가가치 |
|------|------|------|------|
| 미네소타 통나무회사 | $1,500 | $0 | $1,500 |
| 미네소타 목재회사 | $4,000 | $1,500 | $2,500 |
| 미네소타 가구회사 | $7,000 | $4,000 | $3,000 |

b. 2016년의 GDP는 부가가치의 합과 같다.

$1,500 + $2,500 + $3,000 = $7,000

c. 2016년의 부가가치는 다음 표와 같다.

| 회사 | 수입 | 투입 비용 | 부가가치 |
|------|------|-----------|----------|
| 미네소타 통나무회사 | $1,500 | $0 | $1,500 |

2017년의 부가가치는 다음 표와 같다.

| 회사 | 수입 | 투입 비용 | 부가가치 |
|------|------|-----------|----------|
| 미네소타 목재회사 | $4,000 | $1,500 | $2,500 |
| 미네소타 가구회사 | $7,000 | $4,000 | $3,000 |

2016년에 창출된 GDP는 2016년의 부가가치의 합과 같으며 $1,500이다.
2017년에 창출된 GDP는 2017년의 부가가치의 합인 $5,500이다.
$2,500 + $3,000 = $5,500

**05** a. 한국 GDP와 소비가 새 자동차의 가치만큼 증가한다.

b. 자동차의 가치만큼 소비가 증가하고 그 가치만큼 순수출이 감소(수입이 증가하므로)한다. 한국 GDP는 변화없다.

c. 한국 GDP와 투자가 새 자동차의 가치만큼 증가한다(기업의 자동차 구입은 투자로 계산된다).

d. 자동차의 가치만큼 투자가 증가하고 그 가치만큼 순수출이 감소한다. 한국 GDP는 변화없다.

e. 한국 GDP와 정부구매가 새 자동차의 가치만큼 증가한다.

**06** 다음과 같이 지출의 네 가지 항목으로 분류할 수 있다:

- 소비지출은 $600이다. 소비지출은 이미 내구재 구입을 포함하고 있으므로 내구재 구입은 다시 더해지지 않는다.

- 투자지출은 건설투자 (주거용 투자) $100와 기업고정투자 $100, 재고투자(한 해 동안의 재고의 변화) $25를 더하여 합계가 $225이다. 기존 주택과 아파트의 판매는 투자나 GDP 에 포함되지 않는다.

- 정부구매는 $200이다. 은퇴자에 대한 정부 지급액은 이전지출로서 GDP에 포함되지 않는다.

- 순수출은 수출 $75에서 수입 $50을 뺀 $25이다.

GDP는 네 가지 항목의 합계이다:  $600 + $225 + $200 + $25 = $1,050.

**07**  <2014년>
명목GDP = (100 × $5) + (300 × $20) + (100 × $20) =  $8,500
실질GDP(2014년의 가격들을 사용) = (100 × $5) + (300 × $20) + (100 × $20) = $8,500.
기준년도의 명목 GDP와 실질 GDP는 동일함을 명심하라.

<2017년>
명목GDP = (125 × $7) + (250 × $20) + (110 × $25) = $8,625
실질GDP(2014년의 가격들을 사용) = (125 × $5) + (250 × $20) + (110 × $20) = $7,825
따라서 2014년과 2017년 사이에 명목 GDP는 증가하였지만 실제로는 실질 GDP가 감소한 것이다.

**08** 실질GDP의 감소는 총생산의 감소를 반영하는 것이므로 제안된 정책의 비용을 측정할 때 필요하다. 그러나 그 정책의 편익, 즉 더 맑은 공기의 항목에서 정책의 편익은 GDP에 반영되어 나타나지 않으므로 다른 방법으로 평가되어야 한다(예를 들면, 더 맑은 공기의 건강에 대한 편익의 가치). 정부는 정책을 집행할지 결정할 때 비용−편익 분석을 적용해야 하며, 편익이 비용을 초과할 때만 정책을 실행해야 한다.

09 a. 아이들을 학교에 보내는 기회비용은 표에 있는 일인당 소득과 역의 관계에 있다. 덴마크가 가장 높은 일인당 소득을 보이고 있기 때문에 기회비용이 가장 작으며 덴마크가 가장 많은 아이들을 학교에 보낼 것이라고 예측할 수 있다. 반면에 에티오피아는 가장 낮은 일인당 소득을 보이고 있으므로 기회비용이 가장 크고 아이들을 가장 적게 학교에 보낼 것이라고 예상할 수 있다.

b. 아이를 학교에 보내는 비용에는 교과서 구입비용, 수업료와 아이가 수업을 받으면서 벌지 못하는 임금 등을 포함한다. 아이를 학교에 보내는 편익은 취업 기회의 확대, 더 나은 일자리를 얻음으로써 얻는 자부심, 고학력으로 고소득 직장을 가짐으로써 부모들을 부양할 수 있는 능력 향상 등을 포함한다.

10 65명 중에서 15세 미만의 어린이 10명, 10명의 은퇴자, 5명의 가사노동자, 5명의 학생, 일을 할 수 없는 장애인 2명은 경제활동인구에서 제외된다. 나머지 33명 중에서 30명이 취업하고 있다(부분 조업자 또는 전일제 근로자). 3명이 직장을 가지고 있지 않고 갖기를 원하고 있다. 그러나 세 명 중 한 명은 수개월 동안 일자리를 찾지 않았으므로 실업자가 아니고 비경제활동인구에 속한다; 나머지 두 사람은 실업자이다.

요약:
• 생산연령인구는 55명(65명 − 10명의 15세 미만 어린이)
• 15세 이상 인구 중에서 23명이 비경제활동인구(3개월 동안 구직활동을 하지 않았던 1명 포함)
• 경제활동인구는 32명
• 취업자는 30명
• 실업자는 2명

따라서 경제활동인구 중 실업자의 비율인 실업률은 2 / 32, 즉 6.25%이며 경제활동참가율은 32 / 55, 즉 58%이다.

**11** 경제활동참가율이 62.5%이므로 생산연령인구의 62.5%가 경제활동인구이며 나머지 37.5%가 비경제활동인구라는 것을 알 수 있다. 6,000만 명이 비경제활동인구이므로 총 생산연령인구는 1억 6,000만 명이어야 한다(6,000만 명은 1억 6,000만 명의 37.5%이다). 경제활동인구는 1억 6,000만 명의 62.5% 또는 1억 명이다. 실업률은 5.0%이므로 실업자의 수는 경제활동인구 1억 명의 5%인 500만 명, 취업자의 수는 나머지 9,500만 명이다. 요약하면 경제활동인구는 1억 명, 생산연령인구는 1억 6,000만 명, 취업자는 9,500만 명, 실업자는 500만 명이다.

**12** a. 소이어에서는 100 / 1200이 실업률이므로 8.3%이다. 대처에서는 각 근로자가 전체 기간의 1 / 12만큼씩 실업 상태에 있으므로 평균 실업률 역시 8.3%이다. (소이어와 대처는 둘 다 100명의 실업자와 1,100명의 취업자를 가지고 있다.)

    b. 소이어는 100개의 실업기간을 가지고 있으며 각각 1년이 지속되므로 소이어에서 평균 실업 지속기간은 1년이다. 대처는 1,200개의 실업기간을 가지고 있으며 각각 1개월이 지속되므로 평균 실업 지속기간은 1개월이다.

    c. 실업기간의 길이는 대처가 더 짧기 때문에 실업의 비용(특히 심리적, 사회적 비용)도 더 작을 것이다.

# 제17장

# 물가수준과 인플레이션의 측정

## 복습문제

**01** 공식적인 생활비 지수인 CPI는 재화와 서비스들의 특정한 "묶음(basket)"을 구매하는 비용의 기준연도 대비 상대적인 값을 측정한다. 재화와 서비스의 공식적인 묶음은 평균적인 가계의 구매패턴을 반영하도록 만들어졌다. 그러나 어떤 가계가 평균적인 가계와 다른 구매행태를 갖고 있다면 공식적인 CPI가 생활비의 변화를 잘 반영하지 않는다고 느낄 것이다. 예를 들어 땅콩버터의 가격만 급격히 상승한다면 평균적인 가계보다 땅콩버터를 훨씬 더 많이 구매하는 가계의 생활비는 다른 모든 조건이 동일할 때 CPI보다 더 많이 상승할 것이다.

**02** **물가수준**은 기준연도 대비 재화와 서비스들의 묶음의 비용을 측정한다. **인플레이션율**은 물가수준의 연간 퍼센티지 변화율이다.

예를 들어 CPI를 구성하고 있는 재화와 서비스들의 묶음을 구매하는 비용이 기준연도에서는 \$100, 작년에는 \$150, 올해는 \$154.50라고 가정하자. 올해의 물가수준은 $1.5450(=$ \$154.50 / \$100.00)이 된다. 작년과 올해 사이의 인플레이션율은 재화와 서비스 묶음의 구매비용의 작년 대비 퍼센티지 증가율, $\dfrac{154.50 - 150.00}{150.00} = \dfrac{4.5}{150} = 0.03$, 즉 3%가 된다.

**03** 다른 시점의 명목수량을 비교할 때 인플레이션을 조정해 주는 것은 중요하다. 왜냐하면 명목수량의 증가는 실질적인 생산량이나 구매력의 증가보다는 단지 가격상승을 반영하고 있을 수 있기 때문이다. 예를 들어, 한 근로자의 명목임금이 10% 증가했을 때, 가격들이 변화하지 않았다면 구매력이 10% 증가한 것을 의미한다. 그러나 가격들도 역시 10% 상승하였다면 구매력은 전혀 증가하지 않은 것이다.

인플레이션을 조정하는 기본적인 방법은 CPI와 같은 물가지수로 나누는 것으로 명목수량의 가격조정(deflating)이라고 부른다. 예를 들어 실질임금은 명목임금을 물가지수로 나눈 값으로서 임금의 구매력을 측정한다. 명목임금과 달리, 여러 다른 시점의 실질임금은 서로 의미 있게 비교될 수 있다.

**04** 연동화된 근로계약에서 임금은 매년 자동적으로 인플레이션율 만큼 증가하여 합의된 임금의 구매력을 유지할 것이다. 예를 들어, 한 해에 소비재 가격들이 2% 상승했다면(즉, 인플레이션율이 2%), 연동화된 임금은 자동적으로 2% 상승하여 근로자들이 구매할 수 있는 재화들의 수량은 변화되지 않을 것이다.

**05** 첫째, 정부의 통계수집자들이 질적인 개선을 과소평가할 때 **질적조정편의**(quality adjustment bias)가 발생한다. 예를 들어, 막대사탕의 무게가 작년보다 10% 증가하였고 가격도 10% 상승했다면 실제로 막대사탕의 가격에서 인플레이션은 발생하지 않은 것이다(온스당 가격은 변화가 없다). 물론 막대사탕의 무게의 변화는 측정하기가 쉽기 때문에 아마도 이러한 문제는 실제로 발생하지 않을 것이다. 그러나 더 미묘한 질적인 개선(예를 들어, 더 효과적인 의료처치)은 정확히 측정하기가 매우 어렵기 때문에 질적조정편의가 발생하고 인플레이션이 과대평가된다.

둘째, CPI가 재화와 서비스들의 고정된 "묶음"을 가정하고 있으며 소비자들이 더 비싸진 재화에서 저렴해진 재화로 대체할 가능성을 고려하지 않는다는 사실로부터 CPI는 인플레이션을 과대평가하는 경향이 있다(**대체편의**; substitution bias). 예를 들어, 츄파춥스 막대사탕이 공식적인 CPI 묶음에 포함되어 있고 츄파춥스 막대사탕의 가격이 상승한다면 공식적인 생활비는 상승한 것으로 기록될 것이다. 그러나 사람들이, 츄파춥스와 동일한 정도로 좋아하는, 가격이 상승하지 않은 스니커스 막대사탕으로 전환한다면 CPI가 보여주는 것과는 달리 "참" 생활비는 오르지 않은 것이다.

**06** 처음 두 문장은 옳다. (예를 들어) 예상치 못한 인플레이션 때문에 발생하는 채권자들의 손실은 채무자들의 이득에 의해 정확히 상쇄된다. 그러나 부(wealth)가 임의적으로 재분배될 때 사회 전체에 비용이 발생된다. 첫째, 위험이 증가하여 사람들은 형편이 악화되었다고 느낀다. 둘째, 열심히 일하고 현명하게 투자한 결과에 의한 것이 아니고 확률적으로 부가 결정되는 측면이 클 때 근로의욕이 상실되고 현명하게 투자할 의욕이 감소되며 이것은 경제의 효율성을 저해한다. 끝으로, 사람들은 인플레이션을 예측하고 인플레이션으로부터 보호하기 위해 자원들을 사용한다. 사회적인 관점에서 이러한 자원들은 낭비되고 있는 것이다.

**07** 어떤 자산의 실질수익률은 명목수익률(또는 명목이자율)에서 인플레이션율을 뺀 값이다. 현금에 대한 명목이자율은 0이므로 현금의 실질수익률은 마이너스 인플레이션율과 같다. 인플레이션율이 1% 높아질수록 현금보유의 실질수익률은(더욱 큰 음수로 만들어) 1%씩 더 하락한다.

**08** 참이다. 차입하는 사람과 빌려주는 사람이 대출에 대하여 2%의 실질수익률에 동의하였다고 가정하자. 대출기간 동안 인플레이션율이 예측한 것과 정확히 맞다면(예를 들어 5%), 대출에 7%의 명목이자율을 설정함으로써, 빌려주는 사람은 2%의 실질수익률을 받고, 차입하는 사람은 서로 동의한 2%의 실질수익률을 지불하게 된다. (이 논리는 차입자와 대부자에게 적용되는 세금의 차이 때문에 발생하는 복잡한 문제들은 고려하지 않고 있음을 주의하라.)

## 연습문제

**01** a. 기준연도의 재화묶음의 비용은 $200 + $600 + $100 + $50 = $950이다. 동일한 재화묶음의 그 다음 해의 비용은 $220 + $640 + $120 + $40 = $1,020이다. 다음 해의 CPI는 기준연도 대비 당해연도의 재화묶음의 비용과 같다: $1,020 / $950 = 1.074. 기준연도의 CPI는 1이므로 기준연도와 그 다음 해 사이의 인플레이션율(CPI 증가율)은 7.4%이다.

b. 이 가계의 명목소득이 5% 증가하였으므로 생활비의 상승률보다 낮다. 따라서 이 가계는 실질 구매력의 측면에서 형편이 나빠졌다.

**02**  1990년과 1991년 사이의 인플레이션율은 두 해 사이의 물가수준의 퍼센티지 증가율이다: (136.2 − 130.7) / 130.7 = 4.2%. 1991년부터 2000년까지의 각 해의 인플레이션율은 아래와 같다.

| 연도 | CPI | 인플레이션율(%) |
|------|------|------|
| 1990 | 130.7 | |
| 1991 | 136.2 | 4.2 |
| 1992 | 140.3 | 3.0 |
| 1993 | 144.5 | 3.0 |
| 1994 | 148.2 | 2.6 |
| 1995 | 152.4 | 2.8 |
| 1996 | 156.9 | 3.0 |
| 1997 | 160.5 | 2.3 |
| 1998 | 163.0 | 1.6 |
| 1999 | 166.6 | 2.2 |
| 2000 | 172.2 | 3.4 |

인플레이션율은 1990년대에 전반적으로 비교적 낮았으나 1990년대 초보다는 1990년대 말에 상대적으로 더 낮아졌다.

**03**  a. 2번 문제의 CPI 자료를 이용하면 1997년 대학졸업자의 실질초임은 $\dfrac{\$13.65}{1.605} = \$8.50$

b. 1990년과 1997년 사이에 실질임금이 8% 하락하였기 때문에 1997년의 실질임금 $8.50은 1990년 실질임금의 92%이었다. 즉,

8.50 = 0.92 × 1990년 실질임금

1990년 실질임금 = $9.24

c. 1990년 명목임금을 $W_{1990}$이라고 하면 명목임금을 CPI로 가격조정하면 $\dfrac{W_{1990}}{1.307} = \$9.24$. $W_{1990}$에 대하여 풀면 1990년의 명목임금은 $12.08이다.

**04** 2018년과 2020년 사이의 인플레이션율(물가수준의 퍼센티지 증가)은 (126 − 120) / 120 = 0.05 = 5.0%이다. 실질소득의 항목에서 세금구간을 동일하게 유지하기 위하여 명목임금 분류 구간 값들은 각각 5%씩 인상되어야 한다. 2020년 소득세표는 다음과 같다.

| 가계소득 | 세율(소득대비 %) |
|---|---|
| ≤ ₩1,260만 | 6 |
| ₩1,260만~₩4,830만 | 15 |
| ₩4,830만~₩9,240만 | 24 |
| ₩9,240만~₩1억 5,750만 | 35 |
| ₩1억 5,750만~₩3억 1,500만 | 38 |
| ₩3억 1,500만~₩5억 2,500만 | 40 |
| > ₩5억 2,500만 | 42 |

**05** 실질소득의 중앙값은 CPI로 명목소득을 나눈 후에 100을 곱하면 얻을 수 있다. 각 연도의 실질소득은 다음 표와 같다.

| 연도 | 명목소득 | CPI | 실질소득 |
|---|---|---|---|
| 1985 | $23,618 | 107.6 | $21,949.81 |
| 1995 | $34,076 | 152.4 | $22,359.58 |
| 2005 | $46,326 | 195.3 | $23,720.43 |
| 2010 | $49,276 | 218.1 | $22,593.31 |

위의 표에 따르면 실질가계소득의 중앙값은 1985년에서 2005년 사이에 증가하였지만 2005년에서 2010년 사이에는 감소하였다.

만약 2010년 명목소득 대신에 2015년 명목소득인 $57,230으로, 2010년 CPI 값 대신에 2015년 CPI 237.0을 고려하여 2015년의 실질소득을 계산해 보면 $24,147.68이 된다.

**06** a. 2015년 재화묶음의 비용은 $90 + $60 + $80 = $230.

2016년에 음식비용은 $150 + $70 + $80, 또는 $300이다. "음식비용"의 공식적인 값은 2015년과 2016년 사이에 ($300 − $230) / $230 = 0.304 또는 30.4% 증가하였다.

b. 두 마리의 닭은 하나의 햄보다 더 비싸졌으므로 사람들은 30마리 닭고기에서 15개의 햄으로 옮겨가서 햄 소비량은 25가 될 것이다. 음식 바구니의 비용은 이제 $7의 25개 햄과 $8의 스테이크 10개를 합하여 $255가 된다. 실제로 식품 비용의 증가는 ($255 − $230) / $230 = 0.1086, 또는 10.9%인데 이것은 공식적인 인플레이션 추정치 30.4%보다 훨씬 작다. 식품 비용 인플레이션이 과대 평가되고 있는 이유는 이러한 대체편의를 포함하고 있기 때문이다.

07 다음 표에서 넷째 열은 휘발유의 실질가격 또는 상대가격(휘발유 가격을 CPI로 나눈 값)을 보여준다. 다섯째 열은 휘발유 실질가격의 연간 퍼센티지 변화율을 보여주고 있고 여섯째 열은 CPI 연간 퍼센티지 증가율로 표시된 인플레이션율을 나타낸다.

| 연도 | 휘발유의 온라인 가격 ($ / 갤런) | CPI (1982 − 1984 = 1) | 휘발유의 상대가격 | 휘발유 상대가격의 변화 | 인플레이션율 |
|---|---|---|---|---|---|
| 1978 | 0.663 | 0.652 | 1.017 | − | − |
| 1979 | 0.901 | 0.726 | 1.241 | 22.0% | 11.3% |
| 1980 | 1.269 | 0.824 | 1.540 | 24.1% | 13.5% |
| 1981 | 1.391 | 0.909 | 1.530 | − 0.6% | 10.3% |
| 1982 | 1.309 | 0.965 | 1.356 | − 11.4% | 6.2% |
| 1983 | 1.277 | 0.996 | 1.282 | − 5.5% | 3.2% |
| 1984 | 1.229 | 1.039 | 1.183 | − 7.7% | 4.3% |
| 1985 | 1.241 | 1.076 | 1.153 | − 2.5% | 3.6% |
| 1986 | 0.955 | 1.136 | 0.841 | − 27.1% | 5.6% |

위의 표에서는 유가 변동의 많은 부분은 일반 물가수준의 변동을 반영하고 있다기보다는 휘발유의 실질가격의 변동에 기인했다는 것을 보여준다. 더 놀라운 것은 1986년에 일반 물가의 인플레이션이 5.6%였는 데 비해 휘발유의 실질가격은 27% 하락하였다는 것이다.

**08** 먼저 각 연도에 대한 인플레이션을 계산해보자. 2012년의 인플레이션율은 그 해 동안의 CPI의 증가율로서 (105 – 100) / 100 = 5%이다. 2013년의 인플레이션율은 (110 – 105) / 105 = 4.8%이고 2014의 인플레이션율은 (118 – 110) / 110 = 7.3%이다. 실질수익률은 명목이자율에서 인플레이션율을 뺀 것이다. 명목이자율(각 연도에 6%)에서 각 연도의 인플레이션율을 빼면 실질수익률은 2012년 1%, 2013년 1.2%, 2014년 – 1.3%이다.

이제 3년 기간 전체를 생각해보자. 앨버트의 $1,000는 1년 후에 $1,060이 된다. 이자가 재투자된다고 가정하면 2년 후에는 $1,060 × 1.06 = $1,123.60이 되고 3년 후에는 $1123.60 × 1.06 = $1191.02이 되어 총 이득은 19.1%가 된다. 물가수준이 3년 동안 18% 상승하였으므로 앨버트의 총 실질수익률은 19.1% – 18% = 1.1%이다.

**09** 명목이자율 결정에서의 기대 인플레이션의 역할

   a. 인플레이션은 첫 해에 (110 – 100) / 100 = 10%, 둘째 해에 (121 – 110) / 110 = 10% 일 것으로 예상되고 있다. 프랭크가 새라에게 12%의 명목이자율을 받는다면 그는 매년 2%의 실질수익률(명목이자율 12% – 인플레이션율 10%)을 벌어들이게 될 것이다.

   b. 대출에 대한 2%의 연간 수익률을 보장하기 위하여 새라가 매년 2%에, 인플레이션이 얼마가 되든지 인플레이션을 더하여 이자율을 지급하기로 프랭크와 새라가 동의해야 한다. 예를 들어 인플레이션이 첫해에 8%가 되고 둘째 해에 10%가 된다면 새라는 첫해에 10%, 둘째 해에 12%의 명목이자율을 지급해야 한다.

**10** 기준년도에 $100를 지출하는 소비자는 식품 및 음료에 $17.80, 주거비에 $42.80, 의류 및 세탁비에 $6.30 등을 소비하였을 것이다. 올해에 이러한 재화와 서비스를 구매하기 위해 식품 및 음료는 $17.80에서 $19.58(10% 증가), 주거비는 $42.80에서 $44.94, 의료비는 $5.70에서 $6.27로 지출액이 증가할 것이고 다른 품목들에 대한 지출은 기준년도와 동일할 것이다. 따라서 올해 동일한 지출 구성(바구니)에 지출하는 총비용은 $104.49가 되어 올해의 CPI는 1.0449(104.49 / 100) 또는 반올림하여 1.045가 된다.

# 제18장 경제성장, 생산성, 생활수준

## 복습문제

**01** 1870년 이래로 미국 및 많은 선진국들에서 일인당 실질GDP는 10배 이상으로 증가하였으며 일본에서는 25배 이상으로 증가하였다. 이러한 나라들에서 일인당 총생산의 커다란 증가는 평균적인 사람들의 물질적 생활수준의 괄목할 만한 상승으로 이어졌다. 이와 대조적으로 가나와 같은 나라에서는 경제성장이 매우 느리게 진행되어 고소득 국가들과 저소득 국가들 사이의 생활수준 사이의 격차가 확대되었다.

**02** 평균 노동생산성과 총인구 중 취업자 비율을 곱하면 일인당 실질GDP와 같다. 어린이, 은퇴자 등은 경제 내에 항상 존재하기 마련이므로 총인구 중 취업자 비율은 크게 증가하기 어렵다. 따라서 일인당 실질GDP에서의 장기적인 증가 및 이로 인한 생활수준의 상승은 평균 노동생산성의 증가로부터 온다.

**03** 인적자본은 근로자들의 재능, 교육, 훈련, 기술 등을 가리킨다. 더 많은 인적자본을 가진 근로자는 생산성이 더 높기 때문에 인적자본은 중요하며, 근로자 일인당 총생산과 생활수준의 상승을 의미한다. 개인들이 교육을 받는 데 시간과 돈을 지출할 때나 또는 고용주가 근로자들을 훈련시키는 데 자원을 투입할 때와 같이, 새로운 인적자본은 "사람에 대한 투자"를 통하여 창출된다.

**04** 가장 많은 구덩이를 파기 위해서 여러분은 첫 번째 삽을 가장 강한 근로자에게, 두 번째 삽은 두 번째로 강한 근로자에게 지급하는 방법으로 삽이 다 떨어질 때까지 나누어 주어야 한다. 더 강한 근로자는 약한 근로자보다 삽을 더 잘 사용할 수 있기 때문에 이러한 전략은 제한된 자원이 가장 생산적인 용도에 먼저 투입되어야 한다는 "낮게 달린 과일의 원리(low-hanging fruit principle)"와 일치한다. 삽이 없는 근로자들은 아무 것도 생산할 수

없기 때문에 삽이 많을수록 총생산이 증가하며 근로자 일인당 총생산도 증가할 것이다. 따라서 추가적인 자본(삽)은 평균 노동생산성을 증진시킨다. 그러나 추가적인 삽은 이미 삽을 가지고 있는 근로자들보다 약한 근로자에 의해 사용될 것이기 때문에 각각의 추가적인 삽에 의해 생산되는 추가적인 생산량은 감소한다(자본의 수확체감).

**05**  기업가들은 새로운 경제적 사업들을 창업하는 사람들이다. 근로자들에게 더 생산성이 높은 새로운 기술을 결합하거나 고부가가치 재화와 서비스를 생산하도록 함으로써 기업가들은 근로자들의 생산성을 증가시킨다. 효율적인 경영자도(사업을 운영하는 사람) 또한 생산조직을 개선하고, 근로자와 직무를 더 잘 결합하거나, 필요한 자금을 융통하고, 그 기업에 공급하는 공급자 및 그 기업의 고객의 요구에 잘 대응하고 조정함으로써 생산성을 증가시킨다.

**06**  가장 직접적인 비용은 새로운 자본재를 만들어내는 비용이다. 자본재를 증가시킴으로써 미래 생산성과 총생산을 증가시킬 수 있다는 것을 알지만, 자본재를 증가시키기 위해 소비재의 공급을 증가시키는 데 사용될 수 있었던 자원들이 자본재 생산에 사용되어야 한다.

**07**  성장을 제고하기 위해 정부가 사용할 수 있는 정책들은 다음과 같은 것들이 있다:
- 인적자본 개발 촉진(예를 들어, 교육 지원)
- 저축률과 투자율의 제고(예를 들어, 세금감면)
- 인프라 확충을 위한 공공투자(고속도로, 교량, 통신 네트워크)
- 기초 연구 지원
- 안정적인 정치 시스템, 사유재산권의 확립, 자유롭고 개방된 생각의 교환, 기업가 정신과 기타 경제적으로 생산적인 활동에 호혜적인 조세 및 규제 시스템을 포함하는 성장 친화적인 정치적·법적 환경을 제공하는 것

**08**  환경오염은 현재와 같은 형태의 경제활동(더욱 더 많은 자동차와 매연을 뿜는 공장)의 확대에는 한계를 발생시킬 수 있다. 글로벌 기후 변화와 같은 글로벌 환경문제는 시장이나 개별 국가의 정부에 의해 잘 다루어지지 못하기 때문에 우려가 제기되고 있다. 그러나, "성장의 한계" 논문이 과장되었다고 보는 이유들은 다음과 같다.
- 경제성장은 현재의 생산물보다 환경에 부담을 덜 주는, 더 좋고 더 효율적인 생산물의 개발을 포함한다.
- 경제성장은 환경 보호에 사용될 수 있는 자원이 제공되는 것을 가능하게 한다.

- 1970년대 에너지 위기에서 발생하였고 또한 21세기 초 대침체 초기에 유가가 상승할 때에 나타났던 것처럼, 시장의 메커니즘은 수요를 억제하고 공급을 촉진함으로써 자원의 부족을 완화시키는 경향이 있을 것이다.

## 연습문제

**01** 1년 후에 '부자나라'의 일인당 실질 GDP는 $10,000 × (1.01), 2년 후에는 $10,000 × $(1.01)^2$, 이러한 방법으로 증가한다. 10년 후에는 '부자나라'의 일인당 GDP는 $10,000 × $(1.01)^{10}$ = $11,046, 20년 후에는 $10,000 × $(1.01)^{20}$ = $12,202가 된다.

10년 후에 '가난나라'의 일인당 GDP는 $5,000 × $(1.03)^2$ = $6,720, 20년 후에는 $5,000 × $(1.03)^{20}$ = $9,031가 된다. 따라서 20년 후에 '가난나라'의 소득수준은 '부자나라'의 소득수준의 절반을 넘어서 약 3 / 4 정도의 수준에 도달하게 된다.

'부자나라'와 '가난나라'의 일인당 GDP가 $t$년 후에 같아진다고 가정하면 우리의 목표는 $t$를 찾아내는 것이다. $t$년 후에 '가난나라'의 일인당 GDP는 $5,000 × $(1.03)^t$, '부자나라'의 일인당 GDP는 $10,000 × $(1.01)^t$ 이 된다. 두 값을 같게 놓고 양변을 5,000으로 나누면 $(1.03)^t = 2 × (1.01)^t$ 를 얻을 수 있다. 위 식을 $t$에 대하여 풀면 35년과 36년 사이에 '가난나라'가 '부자나라'를 따라잡게 된다는 것을 알 수 있다. 이 값은 그래프나 또는 여러 값을 대입하여 찾아낼 수 있다.

$$(1.03)^t = 2 × (1.01)^t$$
$$(1.03/1.01)^t = 2$$
$$t × \ln(1.03/1.01) = \ln 2$$
$$t = \ln 2 / \ln(1.03/1.01)$$
$$t = 35.349$$

02 $y_t$를 $t$기의 노동생산성이라고 하자. 노동생산성이 $g$의 증가율로 증가하면

$$y_{2035} = y_{2015}(1+g)^{20}$$

이 식을 다시 쓰면

$$\frac{y_{2035}}{y_{2015}} = (1+g)^{20}$$

와 같다.

a. $g = 0.026$(즉, 2.6%)일 때, $y_{2015}$에 대한 $y_{2035}$의 비율은 1.671이다. 노동생산성이 2015년에 \$110,000라면 2035년에는 \$183,800으로 상승할 것이다.

b. $g = 0.020$(즉, 2.0%)일 때, $y_{2015}$에 대한 $y_{2035}$의 비율은 1.486이다. 노동생산성이 2015년에 \$110,000라면 2035년에는 \$163,500으로 상승할 것이다.

c. 노동생산성에 대한 두 추정치를 비교하면 증가율이 낮은 경우에 비해 증가율이 높은 경우 노동생산성은 1.12배로 더 높아진다. (\$183,800 / \$163,500)

03 2016년 일인당 실질GDP = 2016년 평균 노동생산성 × 총인구 중 취업자 비율
 = \$110,384 × 0.468 = \$51,660

1960년과 2016년 사이에 평균 노동생산성은 \$47,263에서 \$110,384로 133.55% 증가하였다. 2016 − 2072년 기간에도 동일한 증가율로 생산성이 증가한다면 2072년의 노동생산성은 (1 + 1.3355) × \$110,384, 즉 \$257,802가 된다. 2072년 일인당 실질GDP는 이 숫자에 총인구 중 취업자 비율이 1960년과 동일하다고 가정하여 0.364를 곱하면 얻을 수 있다. 2072년 일인당 실질GDP = 2072년 노동생산성 × 총인구 중 취업자 비율 = \$257,802 × 0.364 = \$93,840

따라서 2072년 일인당 실질GDP는 2016년보다 \$42,180(\$93,840 − \$51,660) 또는 81.6%(\$42,180 / \$51,660) 더 높다. 일인당 총생산은 2016년에 비해 2072년에 더 높을 것이지만 2016년에 비해 2072년에는 총인구 중 취업자 비중이 하락할 것이기 때문에 노동생산성의 증가보다는 작게 나타날 것이다.

**04** '일인당 실질 GDP = 평균 노동생산성 × 총인구 중 취업자 비율'이라는 관계로부터 평균 노동생산성은 일인당 실질 GDP를 총인구 중 취업자 비율로 나눈 것과 같다. 아래의 표로부터 총인구 중 취업자 비율을 이용하면 평균 노동생산성을 아래와 같이 계산할 수 있다.

| | 일인당 GDP | | 총인구 중 취업자 비율 | | 평균 노동생산성 | |
|---|---|---|---|---|---|---|
| | 1980 | 2010 | 1980 | 2010 | 1980 | 2010 |
| 독일 | $14,114 | $20,661 | 0.33 | 0.52 | $42,770 | $39,733 |
| 일본 | $13,428 | $21,935 | 0.48 | 0.49 | $27,975 | $44,765 |

독일에서는 평균 노동생산성이 1980년과 2010년 사이에 다소 하락하였으므로 일인당 GDP가 상승한 것은 총인구 중 취업자 비율이 상승하였기 때문이다. 반면에 일본에서는 총인구 중 취업자의 비율은 거의 변하지 않았기 때문에 일인당 총생산 증가의 거의 대부분은 노동생산성의 증가로 인한 것이었다.

**05** a. 조앤이 취업을 한다면 향후 5년 동안 매년 $20,000를 벌어들일 것이다. 그녀는 생활비를 제외한 $5,000를 매년 저축할 것이고 5년 후에 그녀의 저축잔고는 $25,000(이자수입이 0이라면)가 될 것이다. 그녀가 전문대학에 간다면 3년째부터 5년까지 매년 $38,000, 총합 $114,000를 벌 것이다. 5년의 생활비($75,000)와 학자금 대출상환($12,000)을 제외하면 그녀는 5년 말에 $27,000의 저축잔고를 갖게 될 것이다. 따라서 그녀는 전문대학에 가야 한다. 5년 후의 저축잔고를 극대화하려는 목표의 문제점은, 5년 후에도 매년 $20,000 대신 $38,000를 벌게 되어 진학을 하는 것이 훨씬 강한 경제적 유인이 있는데 이것을 고려하지 않고 있다는 것이다.

b. 조앤이 고등학교 졸업장만으로 $23,000를 벌 수 있다면 매년 $8,000를 저축할 수 있어 5년 말에는 $40,000의 저축잔고를 갖게 된다. 그녀가 전문대학에 간다면 5년 후 저축잔고는 문항 a에서 계산한 것과 같이 $27,000가 된다. 따라서 이 경우에 그녀는 더 이상 교육에 투자하지 않아야 한다. 경제적으로 말하면 전문대학에서의 2년 동안의 그녀의 기회비용은, 그녀가 바로 취업을 해서 $20,000 대신 $23,000를 벌 경우에 더 커진다.

c. 수업료와 책값이 매년 $8,000라면 조앤의 학자금 대출상환액은 $12,000가 아닌 $16,000가 될 것이며 5년 후의 그녀의 저축잔고는 ($114,000 − $75,000 − $16,000) = $23,000, 즉 그녀가 바로 취업할 경우에 가지게 될 저축잔고 $25,000보다 적게 될 것이다. 교육을 받는 비용이 증가할 경우 진학은 경제적으로 덜 매력적이 되는 것이다.

d. 조앤이 바로 취업할 경우 그녀는 1년째부터 5년째까지의 매년 말에 그녀의 저축잔고에 $5,000를 추가할 것이다. 아래의 표는 각 연도말에 각 저축액의 가치와 5년 후 저축의 총 가치를 보여주고 있다.

| $5000의 예금이 이루어진 해 | 5년 후 연말 예금의 가치 |
| --- | --- |
| 1 | $7,320.50 |
| 2 | $6,655.00 |
| 3 | $6,050.00 |
| 4 | $5,500.00 |
| 5 | $5,000.00 |
| 합계 | $30,525.50 |

조앤이 전문대학에 진학한다면 1년 말에 $21,000(생활비, 수업료, 책값을 더한 것)의 채무를 갖게 될 것이며 10%의 이자율에 이 채무는 5년 말에 $21,000 × (1.10)^4 = $30,746으로 증가한다. 2년 말에 발생하는 채무 $21,000은 5년 말에 $21,000 × (1.10)^3 = $27,951이 된다. 3 − 5년 기간에는 조앤은 $38,000를 벌고 생활비로 $15,000를 지출하여 매년 $23,000를 저축할 것이다. 이러한 모든 저축의 가치는 5년 말에

$$(\$23,000) \times (1.10)^2 + (\$23,000) \times (1.10)^2 + \$23,000) =$$

$$\$27,830 + \$25,300 + \$23,000 = \$76,130.$$

가 된다. 조앤의 저축잔고에서 채무 $30,746과 $27,951를 빼면 5년 말에 조앤은 $17,433의 자산을 보유하게 된다. 이 값은 조앤이 대학에 가지 않고 취업하였을 경우보다 작다. 따라서 순전히 경제적 관점에서 보면 조앤은 바로 취업하여야 한다. 이 예는 이자율이 상승하면 현재 비용이 발생하고 나중에 높은 수익이 발생하는 활동의 경제적 가치를 감소시킨다는 것을 보여주고 있다.

**06** a. 두 개의 계산대와 4명의 직원을 가지고 있으면 두 개의 계산대에 각각 계산대 작동자와 봉지에 담는 사람을 배정할 수 있다. 총생산량은 시간당 80명의 고객이다. 평균 노동생산성은 80 / 4 = 20이 되어 직원 한 명당 시간당 20명의 고객을 담당한다.

b. 봉지에 담는 사람은 시간당 15명(계산대 작동자와 봉지에 담는 사람이 모두 배정될 때 담당하는 40명의 고객과, 계산대 작동자만이 배정될 때의 담당할 수 있는 고객 25명의 차이)의 고객을 더 담당할 수 있게 된다. 빈 계산대가 있다면 한 명의 계산대 작동자는 생산량을 25명 증가시킬 수 있다. 따라서 최선의 전략은 봉지에 담는 사람을 새로운 계산대에 배정하여 계산대를 담당하게 하는 것이다. 총생산량은 시간당 40 + 25 + 25 = 90명의 고객을 담당하며 평균 노동생산성은 시간당 22.5명의 고객이다. 자본을 (추가적 계산대) 추가하면 총생산량과 평균 노동생산성이 증가한다.

c. 네 개의 계산대가 있으면 모든 네 명의 직원을 계산대 작동자로 배정한다. 시간당 총생산량은 100명의 고객이며 평균 노동생산성은 25명의 고객이다. 4명의 직원만 있기 때문에 다섯 번째 계산대는 생산량을 증가시킬 수 없다(평균 노동생산성은 25명의 고객으로 유지된다). 적어도 다섯 번째 계산대에 대하여 자본의 수확체감이 관찰된다. 세 번째 계산대를 추가하는 것은 시간당 생산량을 10명 증가시키고 네 번째의 계산대도 마찬가지로 10명을 증가시킨다. 그러나 다섯 번째 계산대를 추가하는 것은 생산량을 더 증가시키지 않는다.

**07** a. 팀으로서 세 명의 페인트공들은 연시간 3시간 동안 $280m^2$를 칠할 수 있다. 따라서 생산성은 시간당 280 / 3 = $93.3m^2$이다.

b. 프레드가 생산량을 가장 많이 증가시킬 수 있으므로 첫 번째 롤러는 프레드에게 주어야 한다. 두 번째와 세 번째 롤러는 해리슨과 칼라(순서는 상관없다)에게 주어야 한다. 네 번째 롤러는 사용할 사람이 없다. 이러한 정보하에서 시간당 팀의 생산량과 시간당 총생산량을 다음과 같이 계산할 수 있다:

| 롤러 갯수 | 팀의 생산량 | 시간당 생산량 |
|---|---|---|
| 0 | 280 | 280 / 3 = 93.3 |
| 1 | 400 | 400 / 3 = 133.3 |
| 2 | 500 | 500 / 3 = 167.7 |
| 3 | 600 | 600 / 3 = 200.0 |
| 4 | 600 | 600 / 3 = 200.0 |

첫 번째 롤러는 팀의 생산량을 120만큼 증가시키고 두 번째 롤러는 100만큼, 세 번째는 100, 네 번째는 0만큼 증가시킨다. 롤러가 증가함에 따라 추가적인 롤러에 의해 생산된 추가적인 생산량은 감소하기 때문에 (예외적으로, 세 번째 롤러는 두 번째 롤러와 동일한 추가적인 생산을 가져온다) 자본의 수확체감이 관찰된다고 할 수 있다.

c. 기술개선으로 문항 b의 표는 아래와 같이 변화된다.

| 롤러 갯수 | 팀의 생산량 | 시간당 생산량 |
|---|---|---|
| 0 | 336 | 336 / 3 = 112 |
| 1 | 480 | 480 / 3 = 160 |
| 2 | 600 | 600 / 3 = 200 |
| 3 | 720 | 720 / 3 = 240 |
| 4 | 720 | 720 / 3 = 240 |

기술개선 후에 첫 번째 롤러는 팀의 생산량을 144만큼 증가시키고 두 번째 롤러는 120, 세 번째는 120, 네 번째는 0만큼 증가시킨다. 따라서 여전히 자본의 수확체감이 관찰된다. 그러나 각각의 롤러는 전보다 더 많은 생산량을 증가시키므로 추가적인 롤러의 경제적 가치는 증가하였다.

08 a. 0. 올해에 물고기를 전혀 수확하지 않으면 그녀는 물고기 재고를 두배로 증가시킬 수 있다.

b. 물고기 재고의 증가율을 극대화하게 되면 헤스터가 올해에 지출할 수 있는 소득이 없다는 문제가 있다. 다시 말하면, 헤스터는 올해에 굶는 희생을 감수해야만 내년에 매우 높은 소득과 소비의 편익을 누릴 수 있다. 마찬가지로, 한 나라가 올해에 소비하기보다는 새로운 자본재에 자원을 저축하고 투자할수록 더 빨리 성장할 수 있는 것이다.

c. 헤스터가 올해의 소득을 극대화하기 위하여 올해에 모든 물고기를 팔면 $5,000를 얻는다. 이 방법의 문제점은 미래를 위해 어떤 소득도 마련되어 있지 않다는 것이다.

d. 헤스터가 올해에 물고기를 전혀 판매하지 않는다면 올해에 소득이 없게 된다. 그녀가 올해에 물고기를 모두 판매한다면 내년에 소득이 없게 된다. 올해나 내년에 소득이 매우 낮거나 또는 전혀 소득이 없다면 헤스터에게 문제가 발생한다. 더 나은 선택은 올해에 물고기를 일부 판매하여 올해 소득과 소비를 합리적인 수준으로 유지하고 양식장에 남겨 놓은 물고기로부터 미래에서도 적당한 수준의 소득을 확보하는 것이다. 마찬가지로 한 나라는 현재의 소비를 희생하는 비용과 미래에 더 높은 소득과 소비를 가져다주는 편익 사이에 균형을 맞추는 경제성장률을 선택하여야 한다.

09 교과서의 본문에서는 이 주장이 '참'이라고 주장한다. 이것을 알 수 있는 한 가지 방법은 오늘날 부유한 나라와 빈곤한 나라들을 비교해 보는 것이다. 원론적으로 일정한 시점에 모든 나라들은 기본적인 과학 정보에 동일하게 접근할 수 있다. 그러나 빈곤한 나라들은 지식을 널리 적용할 자원들이 부족하기 때문에, 현존하는 과학지식으로부터 부유한 나라들과 동일한 정도로 이득을 누리지 못한다. 예를 들어 의료지식은 병원, 의약, 훈련된 인력이 없다면 유용성이 제한될 것이다(적당한 영양과 위생은 말할 것도 없고). 마찬가지로 정보통신과 연산에서의 새로운 발전들은 통신장비, 컴퓨터 등과 같은 인프라를 지원할 수 있는 충분한 자원이 있을 때만이 이용될 수 있는 것이다.

10 본문에서 논의된 평균 노동생산성의 여섯 가지 결정요인의 항목에서 어떤 한 경제를 평가하는 에세이를 쓰기 위해서는 저축률, R&D 투자, 정부의 자본형성, 천연자원의 가용성 및 품질 등과 같은 항목들을 기초로 다른 나라들과 비교하며 논의를 전개하는 것이 필요하다. (교과서의 연습문제는 미국 경제를 평가하는 에세이를 쓰도록 되어 있지만 한국 경제에 대하여 에세이를 써 보는 것도 좋을 것이다. 주요 참고 웹사이트는 아마도 통계청 (http://kostat.go.kr/portal/korea/index.action) 및 한국은행 경제통계시스템(http://ecos.bok.or.kr/)이 될 수 있을 것이다.)

# 제19장 노동시장: 고용, 임금, 실업

**복습문제**

**01**    다섯 가지 주요 추세는 다음과 같다.
   ① 선진국들에서의 실질임금의 장기적 증가;
   ② 1970년대 이후 실질임금 상승률의 둔화;
   ③ 미국 실질임금의 불평등성 심화
   ④ 최근 수십년간 미국의 높은 고용 증가
   ⑤ 유럽의 높은 실업률

　　노동생산성과 노동수요와의 관계로부터 ①~③, 세 가지의 추세를 설명할 수 있다. 즉, 노동생산성의 괄목할 만한 증가는 1973년 이전에 노동수요를 노동공급보다 더 빨리 증가시켜 실질임금을 빠르게 증가시켰다. 마찬가지로 1970년대 이후 생산성 증가율의 둔화는 노동수요를 노동공급과 비슷하게 증가시켜 1970년대 이후 실질임금 증가율의 둔화에 대한 중요한 이유가 되었다. 노동생산성의 증가는 장기적으로 실질임금을 상승시키고 생활수준을 향상시킨다. 생산성 증가는 (노동수요를 증가시켜) 미국 고용 증가에 기여하였으며 사람들에게 더 많은 소득을 창출하여 생활수준을 높였다.

　　그러나 나머지 두 가지 추세는 평균 노동생산성의 상승 자체만으로 모든 사람의 생활수준의 향상이 항상 보장되는 것은 아니라는 것을 보여준다. 미국에서는 일부 근로자들이 실질임금 상승의 혜택을 나누어 갖지 못하여 임금 불평등성이 확대되었으며 서유럽에서는 만성적인 높은 실업률 때문에 잠재적인 근로자에게 일자리가 제공되지 못하였다.

02  애크미 회사는 제인이 회사를 위하여 얼마나 많은 생산량을 추가적으로 생산할 것인가(한
    계생산)뿐만 아니라 한계생산가치를 고려해야 한다. 예를 들어 제인이 변호사라면 회사는
    그녀가 벌어들이는 추가적인 수입을 (그녀의 비서와 컴퓨터 등의 비용들을 제외하고) 계산
    할 것이다. 제인의 한계생산이 $40,000 이상이면 애크미 회사는 그녀를 고용하는 것이 이
    득이 된다고 생각할 것이다.

03  지난 세기 동안의 생산성의 견조한 상승세는 노동수요를 노동공급 증가보다 더 높은 증가
    율로 증가시켰으며 이에 따라 실질임금도 증가하였다. 1970년대 초반 이후로 생산성 상승
    세가 둔화되어 노동수요의 증가율이 낮아졌으며, 반면에 노동공급은 여성의 경제활동참가
    의 증가와 같은 요인 때문에 더 빠르게 증가하였다. 수요증가율의 둔화와 공급 증가의 확
    대는 1970년대 이래로 실질임금 상승을 제한시켰다(고용증가율은 높게 유지되었다). 과거
    수년 동안에는 생산성 증가율의 상승속도가 높아져 실질임금은 다시 상승하기 시작했는데
    주로 정보통신기술(ICT) 등의 혁신에 따른 생산성 증가에 의한 것이었다.

04  임금 격차의 확대에 기여한 두 가지 요인은 글로벌화와 숙련편향적 기술변화이다. 글로벌
    화는 – 국제무역의 증가를 포함하는 – 수출산업의 근로자에 대한 수요를 증가시키고 수입
    재와 경쟁하는 산업에서 근로자에 대한 수요를 감소시켰다. 임금은 수출산업에서 상승하고
    수입재와 경쟁하는 산업에서는 하락하여 임금 격차가 확대되었다. 숙련편향적 기술변화는
    미숙련근로자의 생산성에 비하여 숙련근로자의 생산성을 증가시켰다. 숙련근로자에 대한
    수요의 상대적인 증가는 숙련근로자와 미숙련근로자 사이의 임금 격차를 확대시켰다.
    한 가지 정책대응은 임금격차의 확대를 가져오는 근본 원인을 없애는 것이다. 예를 들어
    글로벌화 및 국제무역에 장벽을 만들어 감소시키거나 또는 새로운 기술을 채택하지 않음
    으로써 근본 원인을 제거할 수 있다. 두 가지 방법 모두 경제 전체의 성장과 발전에 매우
    이롭지 못하다. 더 나은 정책은 근로자들이 저임금 일자리에서 고임금 일자리로 이동하기
    위해 필요한 기술을 습득하도록 도와줌으로써 근로자의 자연스런 이동 과정을 도와주는
    것이다(재교육을 받을 수 없는 사람들에게는 소득보조를 제공한다).

**05** 세 가지 종류의 실업은:

1. **마찰적 실업**(frictional unemployment): 동태적이고 이질적인 노동시장에서 근로자들과 일자리를 연결해 주는 과정과 관련된 단기적 실업이다.

2. **구조적 실업**(structural unemployment): 경제가 정상적으로 생산하고 있을 때에도 존재하는 장기적이고 만성적인 실업이다. 구조적 실업은 언어 장벽, 차별, 노동시장의 구조적 특징, 기술 부족, 근로자가 가진 기술과 가능한 일자리 사이의 장기적인 불일치 등과 같은 요인들에 의해서 발생된다.

3. **경기적 실업**(cyclical unemployment): 경기침체 또는 경기확장 기간에 추가적으로 실업률을 변동시켜 발생하는 실업으로 경기침체 기간에는 양수, 경기확장 기간에는 음수로 나타난다.

마찰적 실업은 기간이 짧고 또한 근로자와 일자리 사이에 더 생산적인 결합을 형성하는 과정의 일부로서 경제적으로 유익하기 때문에 실업의 종류 중에서 아마도 가장 비용이 작다.

## 연습문제

**01** 조사시점에 따라 답변 내용이 달라질 수 있는데 다음은 한 예를 보여준다.

| 연도 | 대졸 | 고졸 | 고졸 미만 |
|---|---|---|---|
| 2015 | $65,482 | $35,615 | $25,315 |
| 2010 | 62,630 | 33,695 | 22,755 |
| 2005 | 66,371 | 35,738 | 24,169 |
| 2000 | 68,263 | 35,363 | 24,415 |
| 1995 | 57,512 | 33,330 | 21,793 |

1995년과 2015년 사이에 대졸 근로자의 실질임금이 가장 많이 ($7,970) 증가했지만 증가율로 볼 때에는 고졸 미만 근로자의 실질임금이 $3,522 증가하여 16.16%($3,522 / $21,793) 증가하였다. 그러나 고졸 미만 근로자의 평균 실질소득은 여전히 고졸 근로자보

다 $10,300 낮으며 대졸 평균임금보다 $40,167 낮다.

1995년 대졸 근로자는 고졸 근로자보다 평균적으로 1.73배(57,512 / 33,330) 더 벌었으며 고졸 미만 근로자보다 2.64배(57,512 / 21,793) 더 벌었다.

2015년에는 대졸 근로자가 고졸 근로자보다 평균적으로 1.84배(65,482 / 35,615) 더 벌었고 고졸 미만 근로자보다 2.59배(65,482 / 25,315) 더 벌었다.

세 그룹의 근로자 모두 2005년과 2010년 사이에 실질임금이 감소한 것으로 나타났으며 고졸 미만 근로자가 $1,413 감소하여 −5.85%로 가장 큰 하락률을 보여주었다. 2005년 대비 2010년 대졸 근로자들의 실질임금은 $3,741 감소하여 가장 큰 폭을 기록했지만 변화율은 −5.64%이다. 고졸 근로자의 실질임금은 동일 기간에 $2,043 감소하여 −5.72%의 변화율을 기록하였다.

고졸 근로자와 고졸 미만 근로자 사이의 평균 실질임금 차이는 다소 감소하고 있지만 여전히 고졸 근로자들은 고졸 미만 근로자들보다 41% 더 많이 벌고 있으며 대졸자와 고졸자 사이의 평균 실질임금 격차는 확대되고 있다. 앞에서 언급했듯이 대졸자들은 고졸자들에 비해 1995년에는 1.73배 벌었지만 2015년에는 1.84배(65,482 / 35,615)로 그 차이가 더 확대되었다.

02  a. 아래의 표는 각 근로자가 추가될 때의 한계생산과 한계생산가치를 보여준다. 자전거의 가격은 $130이고 노동 이외의 비용이 자전거 한 대당 $100이므로 근로자의 한계생산가치는 $30($130 − $100) × 조립한 자전거 대수가 된다.

| 근로자 수 | 생산량 | 한계생산 | 한계생산가치 |
| --- | --- | --- | --- |
| 1 | 10 | 10 | $300 |
| 2 | 18 | 8 | 240 |
| 3 | 24 | 6 | 180 |
| 4 | 28 | 4 | 120 |
| 5 | 30 | 2 | 60 |

b. 각 임금에서 봅의 노동수요는 한계생산가치와 임금을 같게 하는 고용량이다. 즉, 노동
   수요는 문항 a의 표에서 첫 번째와 마지막 열에 의해 구할 수 있다.

| 근로자 수 | 임금 = 한계생산가치 |
|---|---|
| 1 | $300 / 일 |
| 2 | 240 |
| 3 | 180 |
| 4 | 120 |
| 5 | 60 |

c. 자전거가 대당 $140에 팔린다면 각 근로자의 한계생산가치는 $40 × 한계생산이 된다.
   문항 b의 표는 다음과 같이 변화된다.

| 근로자 수 | 한계생산가치 |
|---|---|
| 1 | $400 |
| 2 | 320 |
| 3 | 240 |
| 4 | 160 |
| 5 | 80 |

이 경우 각 임금에서 봅의 노동수요는 다음과 같다.

| 임금 | 근로자 수 |
|---|---|
| $400 / 일 | 1 |
| 320 | 2 |
| 240 | 3 |
| 160 | 4 |
| 80 | 5 |

d. 노동생산성이 50% 증가한다면 한계생산과 한계생산가치는 아래의 표와 같이 주어진다.

| 근로자 수 | 총생산량 | 한계생산 | 한계생산가치 |
|---|---|---|---|
| 1 | 15 | 15 | $450 |
| 2 | 27 | 12 | 360 |
| 3 | 36 | 9 | 270 |
| 4 | 42 | 6 | 180 |
| 5 | 45 | 3 | 90 |

한계생산가치는 각 근로자의 한계생산에 부품비용 등을 제외한 추가적인 자전거 조립의 가치인 $30을 곱하여 구해진다. 이 경우 각 임금에서 봅의 노동수요는 다음과 같다.

| 임금 | 근로자 수 |
|---|---|
| $450 / 일 | 1 |
| 360 | 2 |
| 270 | 3 |
| 180 | 4 |
| 90 | 5 |

03  한계생산가치는 추가적인 근로자 한 명을 고용하였을 때 생산되는 추가적인 생산량인 한계생산에 전구의 가격인 $2를 곱하여 산출된다.

| 근로자 수 | 한계생산: 시간당 전구 | 한계생산가치 |
|---|---|---|
| 1 | 24 | $48 |
| 2 | 22 | 44 |
| 3 | 20 | 40 |
| 4 | 18 | 36 |
| 5 | 16 | 32 |
| 6 | 14 | 28 |
| 7 | 12 | 24 |
| 8 | 10 | 20 |
| 9 | 8 | 16 |
| 10 | 6 | 12 |

a. 앞의 표에 따르면 일곱 번째 근로자의 한계생산가치는 $24(12 × $2)이다. 각 근로자의 시간당 임금은 $24이므로 공장 경영자는 7명까지 고용할 것이고 거기에서 멈출 것이다. 여덟 번째 근로자는 임금이 시간당 $24이지만 매출 기여도는 $20라는 것을 확인하자. 근로자의 임금이 시간당 $24에서 $36으로 상승하였다면 네 번째 근로자의 한계생산가치가 정확히 $36이기 때문에 공장은 네 명의 근로자만을 고용할 것이다.

b. 각 임금 수준에서 노동수요는 각 고용 수준에서의 한계생산가치와 같다. 아래 그림을 통하여 확인해볼 수 있다.

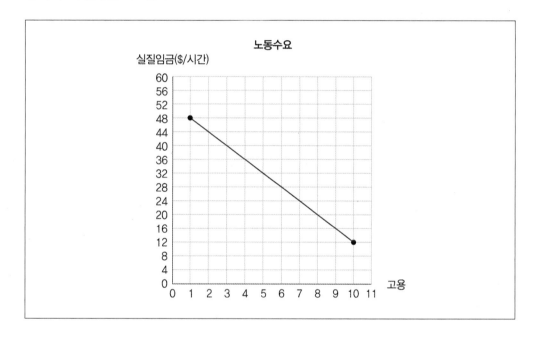

c. 전구의 가격이 $2에서 $3으로 상승하면 한계생산가치도 증가한다. 예를 들어 첫 번째 근로자의 한계생산가치는 이제 $72(24 × $3)이 된다. 그림에서는 노동수요곡선이 오른쪽으로 이동하는 것으로 표현된다. 각 근로자는 공장에 기여하는 정도가 더 증가하였기 때문에 각 임금수준에서 더 많은 근로자를 고용하려 할 것이다. 이를 '노동수요가 증가'하였다고 말한다.

d. 노동공급이 8명으로 고정되어 있다면 노동수요와 노동공급 사이의 균형은 8명의 고용량에서 수직인 공급곡선과 수요곡선의 교차점에서 달성된다. 전구 가격이 $2일 때에는 균형실질임금이 $20가 될 것이고 전구 가격이 $3일 때에는 균형 실질임금이 $30가 될 것이다. 다른 방법으로는 여덟 번째 근로자의 한계생산이 10개의 전구 생산이므로 여덟 번째 근로자의 한계생산가치를 계산하면 균형 실질임금을 구할 수 있다. 전구의 가격에 따라 $20(10 × $2) 또는 $30(10 × $3)이 된다. 각 경우에 균형 실질임금은 $20, $30이 된다.

04 a. 의료복지혜택의 수급 나이가 상향 조정되면 직장의료보험의 혜택을 누리거나 의료비용을 충당하기 위해 사람들이 은퇴를 늦추고 일을 더 오래 할 것이다. 따라서 노동공급이 증가한다.

b. 생산성 상승은 노동에 대한 수요를 증가시킨다. 노동공급은 변화없다. 균형은 노동공급 곡선을 따라 이동하여 실질임금과 고용은 증가한다.

c. 전쟁준비는 경제활동인구로부터 사람들을 징집하기 때문에 노동공급이 감소한다. (2차 세계대전 동안에 그랬던 것처럼, 애국심에 호소하여 더 많은 사람들이 경제활동인구로 진입하면 이 효과는 상쇄된다.)

d. 단기에서는 부모들과 아이 돌보는 사람들이 경제활동인구로부터 이탈하고 이것은 노동공급을 감소시킨다. 그러나 장기에서는 더 많은 아이들이 태어나 인구가 증가하게 되며 다른 조건이 일정하다면 더 많은 근로자들이 공급된다.

e. 노동공급에 대한 효과는 사회보장 급여가 높아진 것이 사람들의 은퇴결정에 어떻게 영향을 미칠 것인지에 의존한다. 사람들이 더 일찍 은퇴하여 높아진 사회보장 급여를 받으려 한다면 노동공급은 감소한다.

05 a. 그 공장이 만들어내는 자동차에 대한 수요가 증가하면 그 자동차의 상대가격이 상승하고 그 공장 근로자의 한계생산가치를 증가시킨다. VMP의 증가는 근로자 수요를 증가시키고 근로자의 실질임금과 고용을 증가시킨다.

b. 휘발유 가격의 상승은 자동차에 대한 수요를 감소시킨다. 자동차의 상대가격이 하락하고 따라서 근로자의 한계생산가치도 감소한다. 근로자에 대한 수요가 감소하여 실질임금과 고용이 감소한다.

c. 공장에 대한 근로자 공급의 감소는 실질임금을 상승시키지만 고용을 감소시킨다.

**06** a. 숙련근로자의 한계생산은 증가하고, 노동공급에 변화가 없을 때 숙련근로자의 실질임금이 상승하고 숙련근로자의 고용이 증가한다. 미숙련근로자의 실질임금과 고용수준은 영향을 받지 않는다. 따라서 새로운 전자장비의 효과는 미숙련근로자의 임금에 비해 숙련근로자의 임금을 상승시킨다.

b. 미숙련근로자가 숙련근로자가 받는 높은 임금을 받기를 원한다면 필요한 기술을 습득하여 미숙련근로자 시장에서 숙련근로자 시장으로 이동할 것이다. 이것은 숙련근로자의 공급을 증가시켜 숙련근로자의 임금을 하락시키고 숙련근로자의 고용을 증가시킴을 의미한다. 마찬가지로 미숙련근로자가 숙련근로자 시장으로 이동함에 따라 미숙련근로자의 공급은 감소하여 미숙련근로자의 임금은 상승하는 한편 고용은 감소하게 된다. 최종적인 결과는 두 부문 사이의 임금 격차가 축소되어 문항 a의 임금수준과 전자장비가 도입되기 이전의 임금수준 사이에 위치하게 될 것이다.

**07** a. 구조적 실업. 테드의 기술은 존재하는 고용기회와 일치되지 않고 있다.

b. 경기적 실업. 앨리스의 실업은 일시적이며 경기침체와 관련되어 있다.

c. 마찰적 실업. 그웬의 거주지역의 변화로 새로운 고용주와 새로운 "결합"을 찾게 되었다.

# 제20장 저축과 자본형성

## 복습문제

**01** 부(wealth)는 일정 시점에 측정되는 저량변수이다. 따라서 어떤 사람은 "오늘 현재, 나의 저축예금 계좌에 $2,000를 가지고 있다"라고 말할 수 있다. 저축은 유량변수로서 시간 단위당 측정된다. 예를 들면 "나는 주당 $20를 저축한다"라는 방식이다. 저축을 하게 되면 저축이 발생하는 증가율로 부를 증가시킨다. 내가 저축예금 계좌에 주당 $20를 더한다면(인출은 전혀 하지 않고) 저축예금 계좌로 표시되는 총 부는 주당 $20의 율로 증가한다(다음 주에 $2,020, 그 다음 주에 $2,040 등).

　저축은 부를 증가시키는 한 방법이지만 유일한 방법은 아니다. 부의 소유자가 보유하고 있는 자산의 가치가 오를 때(자본이득) 부가 증가하며 또한 기존 자산의 가치가 하락하면(자본손실) 부가 감소한다. 따라서 주식을 $2,000 소유하고 있었는데 주식가격이 1% 상승하면 저축이 없어도 부(wealth)가 $2,020로 증가한다. 1990년대 미국 가계의 부가 증가하게 된 이유는 주식과 기타 자산에서의 자본이득이었으며 1990년대 동안 미국 가계는 매우 적게 저축하였다.

**02** 첫째, 생애주기 저축은 장기적인 목적을 위한 저축으로 부부가 은퇴 이후를 위해서 또는 자녀들의 등록금을 마련하기 위해 하는 저축이다. 둘째, 예비적 저축은 가장이 실직하거나 아플 가능성에 대비하여 소득의 일부를 저축하는 경우처럼 비상시를 대비하는 저축이다. 셋째, 유산 저축은 자녀들이나 또는 가치있는 일을 하는 사회단체 등에 유산을 남기기 위한 저축이다. 저축과 관련된 심리적 요인들에는 자기통제와 과시효과가 있다. 사람들은 자기통제를 잘 하지 못하기 때문에 급여에서 자동으로 이체되고 인출이 어려운 연금계좌와 같은 저축수단을 마련하면 저축을 증가시킬 수 있다. 사람들이 높은 지출을 하고 있는 주변 사람들을 보고 더 많이 소비하려는(더 적게 저축하려는) 동기가 생길 경우 과시효과가 발생한다.

**03** 국민저축은 $Y - C - G$로 정의된다. $Y$는 실질 총생산(GDP), $C$는 소비지출, $G$는 재화와 서비스에 대한 정부구매(정부지출, 정부구입)를 가리킨다. 이 정의는 현재 소득에서 현재의 필요를 위한 지출을 뺀 것으로 정의되는 저축의 일반적인 개념과 일치한다. 한 나라에 대하여 국민 총생산을 현재 소득으로, 소비재에 대한 지출과 정부구매를 현재의 필요를 위한 지출로 생각할 수 있다. 투자지출 $I$는 미래의 필요를 위해 생산능력을 변화시키기 위한 지출로서 국민저축을 정의할 때 제외되지 않는다.

엄밀히 말하면 모든 소비지출 $C$와 정부구매 $G$가 현재의 필요를 위한 것은 아니다. 소비지출에는 한 기간보다 더 긴 기간 동안 유용하게 사용되는 내구소비재에 대한 지출이 포함되며 정부구매에는 도로, 학교 건물, 군수장비 등 공공자본재의 구입이 포함된다. 따라서 국민저축에 대한 표준적인 정의, $Y - C - G$는 아마도 현재 지출의 양을 과대평가하며 경제의 저축의 양을 과소평가한다.

**04** 낮은 가계저축률이 경제 전체에 대하여 반드시 문제가 되는 것은 아니다. 그 이유는 자본 형성을 위해 이용가능한 자원의 양은 가계저축이 아니라 국민저축이기 때문이다($S = I$). 따라서 많은 가계들이 매우 적게 저축한다는 (그리고 주식보유와 같이 기업의 주식을 소유하고 있지 않다는) 사실은 낮은 수준의 부를 가진 것이기 때문에 그 가계들에게는 문제일 것이다. 낮은 수준의 부를 가지고 저축을 적게 하는 가계들은 안락한 노후와 같은 목적을 달성하기 어려울 것이며 경제적 비상시에 대하여 잘 준비되어 있지 않을 것이다.

**05** 저축의 "수요자들"은 새로운 자본재에 투자하는 기업들이다. 기업들이 빌린 자금에 지급해야 하는 실질이자율이 높을수록 계획된 자본투자의 수익성이 낮아질 것이고 덜 빌리려고 할 것이다. 따라서 자금의 비용이(실질이자율로 측정하여) 높을수록 저축에 대한 수요는 적어진다.

**06** 저축 공급을 증가시키는 요인들에는 정부 재정흑자의 증가(정부저축과 동일하다) 또는 가계의 절약생활의 증가가 있다. 두 가지 요인은 각 실질이자율에서 저축의 양을 증가시킨다. 저축-투자 평면에서 저축의 증가는 저축곡선을 오른쪽으로 이동시켜 균형 저축과 투자를 증가시키고 실질이자율을 낮춘다. 저축 수요를 증가시키는 요인들의 예는 자본투자를 더 생산적으로 만드는 기술향상이다. 투자의 수익성이 높아지기 때문에 기업들은 각 실질이자율에서 자금을 더 수요할 것이며 투자곡선을 오른쪽으로 이동시킨다. 결과적으로 저축과 투자는 증가하고 실질이자율도 상승한다.

01  a. 코리의 대차대조표는 다음과 같다:

| 자산 | | 부채 | |
|---|---|---|---|
| 자전거 | $300 | 신용카드 채무 | $150 |
| 현금 | $200 | 전기고지서 납부금액 | $250 |
| 야구카드 | $400 | | |
| 가계수표 발행계좌 예금 | $1,200 | | |
| **총계** | **$2,100** | | **$400** |

코리의 자산은 $2,100이고 부채는 $400, 따라서 그의 순자산은 $2,100 − $400, 즉 $1,700 가 된다.

b. 야구카드가 $400이 아니고 아무런 가치가 없다면 코리의 자산은 $1,700으로 감소하고 부채는 변화가 없으므로 순자산은 $400이 감소하여 $1,300이 된다. 이것은 자본손실의 예이다. 저축은(양의 저축 또는 음의 저축) 발생하지 않았다.

c. 부채는 $150 감소하였고 자산은 변화가 없으므로 순자산은 $150 증가하여 $2,250이 된다. 현재 소득으로 부채를 갚는 것은 저축의 한 형태임을 주목하라.

d. 가계예금 계좌의 예금잔액이 $1,200에서 $1,050로 감소하였기 때문에 자산이 $150 감소한다. 신용카드 채무가 0으로 감소하였으므로 부채도 역시 $150 감소한다. 순자산(자산 − 부채)은 변화가 없다. 이 경우 저축한 것이 아니고 기존의 자산과 부채를 상쇄시킨 것이다.

위의 세 가지 경우, b~d 가운데 코리의 입장에서 저축인 경우는 c이다.

02  a. 유량. GDP는 일 년 또는 한 분기와 같은 시간 단위당 생산량을 나타낸다.

b. 유량. 국민저축은 개인저축과 유사하게 시간 단위당 측정된다.

c. 저량. 이 가치는 일정한 시점에 측정된다.

d. 저량. 현금통화도 일정한 시점에 측정된다.

e. 유량. 재정적자는 정부의 지출에서 정부의 수입을 뺀 것이다. 지출과 수입은 일 년 또는 한 분기와 같은 시간 단위당 측정된다.

f. 저량. 정부채무의 양은 일정 시점에 측정된다.

03  a. 생애주기 저축을(미래의 양육비용, 대학 등록금을 위한 저축) 위해 엘리와 빈스는 아마 현재 저축을 증가시킬 것이다. 미래에는 부모 중 한 명이 집에 있기 위해 일을 덜 하게 될 것이다. 미래의 소득 감소의 가능성에 대비하기 위하여 부부는 현재 저축을 증가시켜야 한다.

b. 빈스가 해고될 위험이 증가하여 부부는 예비적 목적의 저축을 증가시켜야 한다.

c. 생애주기 목적을 위해 저축을 증가시킬 필요가 있다.

d. 생애주기 목적을 위해 저축을 증가시킬 필요가 있다. 수년 내에 부부의 소득이 감소하고 등록금 비용이 발생할 것이므로 지금 저축을 증가시킬 필요가 있다.

e. 은퇴를 위한 생애주기 저축의 필요성이 감소되었다.

f. 유산의 목적으로 부부는 더 많이 저축해야 한다.

**04** a. 사라가 IRA 계좌에 $10,000를 저축한다고 가정하자. $10,000의 보너스는 5%의 이자율에서 일 년 후 $10,000 × (1.05), 2년 후 $10,000 × (1.05)$^2$, 5년 후 $10,000 × (1.05)$^5$ = $12,763의 액수가 된다. 그렉이 인출한 후에 30%의 세금을 납부해야 하므로 세금 납부 후 0.7 × ( $12,763) = $8,934가 남는다.

사라가 IRA를 사용하지 않는다면 그녀는 보너스를 받는 해에 30%의 세금을 납부해야 하므로 투자할 수 있는 금액은 $7,000이다. 또한 매년 이자소득의 30%를 세금으로 납부해야 하므로 그녀가 받는 실제 이자율은 5%의 70%, 즉 세후 이자율은 3.5%가 된다. 그녀의 투자는 5년 동안 $7,000 × (1.035)$^5$ = $8,314의 액수가 될 것이다. 인출할 때 더 이상의 세금은 없다. 사라가 보너스 $10,000를 IRA 계좌에 입금한다면 세후 금액으로 $8,934를 얻게 되고, IRA 계좌에 입금하지 않으면 $8,314를 얻게 된다. 따라서 IRA 계좌는 사라에게 좋은 선택이 된다.

b. (i) 실증적으로 실질수익률의 상승은 저축을 다소 증가시키는 것으로 보이며 이런 관점에서 IRA 계좌의 도입은 저축에 긍정적인(작지만) 효과를 미친다.

(ii) 심리적인 관점에서 은퇴 전에는 자금이 IRA 계좌로부터 인출될 수 없다는 사실은 (벌금을 물고 인출하는 경우를 제외하고) 사람들이 자기통제를 하기 쉽게 해 준다. 이러한 관점에서 IRA는 저축을 증가시키는 경향이 있다.

**05** a. 공공저축 = 정부 재정흑자

= 조세수입 − 이전지출과 이자지급 − 정부구매

= 150 − 100 − 100 = − 50.

민간저축 = 가계저축 + 기업저축

= 200 + 400 = 600

국민저축 = 민간저축 + 공공저축

= 600 + ( − 50) = 550

국민저축률 = 국민저축 / GDP = 550 / 2,200 = 25%.

b. 공공저축 = 정부 재정흑자 = 100

  공공저축 = 총소득 − 순조세 − 소비

    = 총소득 − (총조세수입 − 이전지출과 이자지급) − 소비

    = 6,000 − 1,200 + 400 − 4,500 = 700

  국민저축 = 민간저축 + 공공저축

    = 100 + 700 = 800

  국민저축률 = 국민저축 / GDP

    = 800 / 6,000 = 13.3%.


c. $Y = C + I + G + NX$의 관계를 이용하여

  GDP($Y$) = 4,000 + 1,000 + 1,000 + 0 = 6,000.

  국민저축 = $Y − C − G$ = 6,000 − 4,000 − 1,000 = 1,000.

  공공저축 = 정부 재정흑자

    = 총조세수입 − 이전지출과 이자지급 − 정부구매

    = 1,500 − 500 − 1,000 = 0.

  공공저축과 민간저축을 합한 것이 국민저축이므로 민간저축은 1,000이어야 한다.

  국민저축률 = 1,000 / 6,000 = 16.7%.


06 a. 엘리와 빈스의 주택 보유비용은 일반 비용(유지비, 세금, 보험)과 모기지 이자비용을 더한 것이다. 연간 일반 비용은 $200,000의 4%인 $8,000이며 연간 이자비용은 $200,000의 6%인 $12,000이므로 총 보유비용은 연간 $20,000이다. 이것은 임대비용(12개월 동안 매달 $1,500, 즉 $18,000)을 초과하므로 엘리와 빈스는 구입하기보다는 임대하여야 한다.

b. 엘리와 빈스가 임대료로 매달 $2,000, 즉 연간 $24,000를 지불할 용의가 있다면 구입하는 것이 이득이 될 것이다(구입비용은 동급의 주택을 임대하는 비용보다 더 적다).

c. 실질이자율이 4%라면 이자비용은 $200,000의 4%인 $8,000이고 총 보유비용은 $16,000로 엘리와 빈스가 문항 a에서 지불할 용의가 있는 $18,000보다 적다. 따라서 그들은 주택을 구입하여야 한다.

d. 주택의 가격이 $150,000이라면 일반 비용은 $150,000의 4%인 $6,000이고 이자비용은 $150,000의 6%인 $9,000이므로 총 보유비용은 $15,000가 된다. 빈스와 엘리는 동급의 주택을 임대하기 위해 $18,000를 지불할 용의가 있으므로 이제 그들은 구입하기를 원할 것이다.

e. 문항 a와 문항 c에서 살펴본 바와 같이 이자율이 높으면 사람들은 주택을 덜 구입한다. 당연히 건설업자는 이러한 상황을 싫어한다. 문항 d에서 살펴보았듯이 이자율이 높을 때에도 건설업자는 주택 가격을 낮추어 사람들이 주택을 구입하도록 할 수 있다. 그러나 이러한 상황 또한 건설업자가 좋아하지 않는다.

**07**  a. 스크린 수가 추가됨에 따라 한계생산이 감소하여 자본의 수확체감을 보여준다.

| 스크린 수 | 총 관객 수 | 관객수 증가분 (한계생산) | 한계생산가치 |
|---|---|---|---|
| 1 | 40,000 | 40,000 | $80,000 |
| 2 | 75,000 | 35,000 | $70,000 |
| 3 | 105,000 | 30,000 | $60,000 |
| 4 | 130,000 | 25,000 | $50,000 |
| 5 | 150,000 | 20,000 | $40,000 |

b. 각 스크린의 이자비용은 $1,000,000의 5.5%인 $55,000이다. 다른 비용은 명시되지 않았으므로 없다고 보면 세 번째 스크린에 대한 한계생산가치는 $55,000를 초과하지만 네 번째 스크린은 그렇지 않다. 따라서 3개의 스크린이 건설되어야 한다.

c. 첫 번째 스크린의 한계생산가치만이 이자비용을($1,000,000의 7.5%인 $75,000) 초과한다. 한 개의 스크린이 건설될 것이다.

d. 이자율이 10%일 때 스크린 한 개 건설의 이자비용은 $100,000으로 첫 번째 스크린의 한계생산가치보다도 많다. 스크린은 전혀 건설되지 않을 것이다. 문항 b에서 d까지의 답변을 살펴보면 실질이자율이 상승함에 따라 자본투자는(결과적으로 저축에 대한 수요) 감소한다.

e. 다섯 번째 스크린의 한계생산가치는 $40,000이다. 5.5%의 이자율에서, 스크린당 건설비용의 5.5%가 $40,000를 넘지 않는 경우에만 5개의 스크린을 건설하는 것이 수익성이 있다. 이 경우는 다음과 같이 계산된다:

$$\text{스크린 건설비용} \times 0.055 = \$40,000$$
$$\text{스크린 건설비용} = \$40,000 / 0.055 = \$727,273$$

따라서 5개의 스크린이 수익성이 있기 위해서는 스크린당 건설비용이 $727,273 이하여야 한다.

08 a. 투자세액공제는 기업들에게 새로운 자본재의 가격을 10% 실효적으로 낮추어 준다. 기업들은 투자하려는 의향이 증가하여 저축에 대한 수요($I$)를 증가시킨다. 저축에 대한 수요곡선($I$)이 오른쪽으로 이동함에 따라 실질이자율, 투자, 국민저축은 증가한다.

b. 공공저축의 증가는 국민저축을 증가시킨다. 저축 공급($S$)곡선은 오른쪽으로 이동한다. 실질이자율은 하락하고 국민저축과 투자는 증가한다.

c. 새로운 자본재의 생산성이 증가하면 투자의 수익성이 높아진다. 저축에 대한 수요곡선($I$)은 오른쪽으로 이동하여 실질이자율, 투자, 국민저축을 증가시킨다.

d. 회사의 이윤에 대한 세금의 증가는 자본 투자에 대한 세후 수익률을 하락시킨다(자본재가 벌어들인 소득의 더 많은 부분을 정부가 가져간다). 기업들은 투자할 의향이 적어져서 저축에 대한 수요곡선($I$)이 왼쪽으로 이동한다. 공공저축은 변화가 없는 것으로 가정되었으며 따라서 저축 공급곡선($S$)은 이동하지 않는다. 실질이자율, 투자, 국민저축 모두 감소한다.

e. 예비적 저축의 증가는 국민저축을 증가시킨다. 저축 공급곡선($S$)은 오른쪽으로 이동한다. 실질이자율은 하락하고 국민저축과 투자의 균형량은 증가한다.

f. 자본 비용의 상승은 기업들의 투자 의향을 감소시켜 저축에 대한 수요($I$)를 감소시킨다. 저축에 대한 수요곡선($I$)이 왼쪽으로 이동하므로 실질이자율, 투자, 국민저축이 감소한다.

# 제21장 화폐, 물가, 중앙은행

## 복습문제

**01** 화폐란 구매를 하는 데 사용될 수 있는(예를 들어 현금과 요구불예금 계좌 잔고) 자산을 말한다. 사람들은 낮은 수익률에도 불구하고 거래에서의 유용성 때문에 화폐를 보유한다. 화폐를 보유하지 않고 구매를 원하는 사람은 물물교환의 방법을 이용하거나 화폐를 얻기 위하여 다른 자산들을 판매해야 하는 비용을 지불해야 한다.

**02** 민간 사람들이 현금을 보유하면서 쇼핑을 하다가 현금을 은행에 예금하고 체크카드를 사용한다고 하자. 예를 들어 사람들이 현금 1,000억원을 은행에 예금하고 (체크카드를 사용하기 위해) 중앙은행이 아무런 행동을 하지 않는다면 은행들은 추가적인 1,000억원의 지급준비금을 갖게 될 것이다. 그들은 이러한 지급준비금을 대출해줄 것이며 은행 시스템에서 대출과 예금의 반복적인 과정이 시작될 것이다. 최종적으로 은행 예금은 1,000억원보다 훨씬 더 많이 증가하게 될 것이다.(은행 예금은 은행 지급준비금을 지급준비율로 나눈 값과 동일하다는 것을 기억하라. 지급준비율이 1보다 작다면 은행 예금은 은행 지급준비금보다 많게 된다.) 예금의 증가는 민간이 보유했던 현금의 감소분보다 많을 것이고 국가 경제 전체 화폐공급의 증가로 이어진다.

**03** 중앙은행이 1,000억원의 정부채권을 은행에게 매각한다면 그 매각대금으로 은행의 지급준비금 1,000억원을 받을 것이다. 이는 은행예금을 1,000억원 / 지급준비율만큼 감소시켜 통화공급을 감소시키게 된다.

04 금융공황이 발생하면 예금자들은 은행으로 달려가 은행 시스템으로부터 자기의 예금을 인출하려고 한다. 예금을 모두 보장하는 예금보험이 있으면 사람들은 금융공황 상태에서도 예금을 서둘러 인출할 필요가 적어진다. 예금보험의 도입 전 예금자들에게 은행의 폐업은 자신의 저축을 잃는 것을 의미했다. 따라서 은행이 도산할 것이라는 뉴스 또는 소문은 금융공황을 더 악화시켰다. 은행은 예금의 일부만을 지급준비금으로 보유하고(부분지급준비제도) 있기 때문에 금융공황이 광범위하게 발생하면 대규모의 인출요구로 지급준비금이 바닥나게 되어 어떤 은행이라도 폐업의 위기에 직면하게 되기 때문에 건전한 대출을 해왔던 은행들조차도 금융공황 시기에는 공포를 느끼게 되었다.

05 유통속도란 경제 내의 거래과정에서 화폐가 얼마나 빨리 사람들의 손을 옮겨가는가를 측정하는 것으로서 화폐가 순환하는 속도를 측정한다. 다시 말하면, 유통속도는 일정 기간 동안에 이루어진 거래액을 통화량으로 나눈 값으로 정의된다. 새로운 결제 기술의 도입으로 더 적은 양의 화폐를 보유하면서 동일한 액수의 거래를 수행하는 것이 가능해졌다면 유통속도는 증가한다. 예를 들어, 사람들은 실제로 재화와 서비스를 구입하기 위해 필요한 시점까지 M1이 아닌 이자를 지급하는 계좌에 자금을 넣어 두었다가 결제가 이루어질 때 필요한 금액만큼만 요구불예금 계좌로 이체하는 것이 가능하다. 또한 ATM(현금인출기)은 현금을 덜 보유하면서 거래를 수행할 수 있게 해 주기 때문에 유통속도를 증가시킨다.

06 수량방정식은 $M \times V = P \times Y$로 표현된다. 우리가 관심을 두고 있는 기간 동안 유통속도 ($V$)와 총생산($Y$)이 일정하다고 가정하면 통화량, $M$의 변화는 물가수준, $P$에 직접적으로 비례적인 변화를 가져온다. 예를 들어, 통화량이 10% 증가하면 물가수준도 10% 상승하여, 인플레이션이 10%가 될 것이다. 수량방정식에 의하면, 통화량의 큰 퍼센티지 증가는 높은 인플레이션율로 이어지고 통화량의 작은 퍼센티지 증가는 낮은 인플레이션율로 이어질 것이다(유통속도와 총생산이 일정하다는 가정하에서).

01 a. 담배는 재화와 서비스와 교환되어 사람들의 손을 옮겨 다녔으므로 교환의 매개수단이 었다. 담배의 단위로 가격들이 매겨졌으므로 담배는 회계의 단위였다. 마지막으로 죄수들은 미래의 구매에 사용하기 위해 담배를 쌓아두었기 때문에 담배는 가치의 저장수단이었다.

   b. 담배는 상대적으로 내구성이 있으며(포로수용소에 있는 초콜릿과 같은 다른 대안에 비하여) 작은 거래에서도 유용하도록 가치가 충분히 작게 표시된다(매우 가치가 높은 장화는 작은 품목을 구입할 수 없으며 "거스름돈을 줄 수" 없다). 담배의 다른 이점은 휴대성과 가치의 균등성이 있다는 점이다(예를 들어 좋은 상태의 부츠는 나쁜 상태의 부츠보다 훨씬 더 가치가 있지만 담배의 가치는 비교적 균등하다).

   c. 그렇다. 왜냐하면 담배를 가지고 있으면 원하는 다른 물건으로 교환할 수 있기 때문에 비흡연자도 담배를 받는다. 마찬가지로 지폐도 직접적인 사용가치가 없지만 우리가 원하는 물건을 사기 위해 사용할 수 있기 때문에 지폐를 받는다.

02 a. 500만 길더가 시중에 유통된 후에 고곤졸라 상업은행들의 결합 대차대조표는 다음과 같다(<표 21.2>와 비교하라).

| 자산 | | 부채 | |
|---|---|---|---|
| 현금 | 5,000,000 | 예금 | 5,000,000 |

   b. 은행들은 20%의 지급준비율을 유지하길 원하므로 현금의 80%(400만 길더)를 대출할 것이다. 그들의 결합 대차대조표는 다음과 같다(<표 21.3>과 비교하라).

| 자산 | | 부채 | |
|---|---|---|---|
| 현금( = 지급준비금) | 1,000,000 | 예금 | 5,000,000 |
| 대출금 | 4,000,000 | | |

c. 대출나간 자금이 은행 시스템에 재예치된 후의 결합 대차대조표는 다음과 같다(<표 21.4>와 비교하라):

| 자산 | | 부채 | |
|---|---|---|---|
| 현금( = 지급준비금) | 5,000,000 | 예금 | 9,000,000 |
| 대출금 | 4,000,000 | | |

d. 은행들이 지급준비금을 예금의 20%, 180만 길더로 유지하길 원한다. 따라서 그들은 금고에 있는 "추가적"인 320만 길더를 대출할 것이다. 이러한 대출금액이 다시 은행 시스템에 예치된 후의 대차대조표는 아래와 같다(<표 21.5>와 비교하라):

| 자산 | | 부채 | |
|---|---|---|---|
| 현금( = 지급준비금) | 5,000,000 | 예금 | 12,200,000 |
| 대출금 | 7,200,000 | | |

e. 이러한 과정은 지급준비금이 예금의 20%와 같아질 때까지 계속될 것이다. 각 단계에서 지급준비금은 500만 길더와 같기 때문에 최종적으로는 예금이 2,500만 길더가 되어야 한다. 자산과 부채를 일치시키기 위하여 대출금은 2,000만 길더가 되어야 한다. 상업은행들의 최종 대차대조표는 아래와 같다(<표 21.6>과 비교하라):

| 자산 | | 부채 | |
|---|---|---|---|
| 현금( = 지급준비금) | 5,000,000 | 예금 | 25,000,000 |
| 대출금 | 20,000,000 | | |

03 다음 식을 이용하자:

통화량 = 민간이 보유한 현금 + 은행의 지급준비금 / 희망 지급준비율

a. 예금 = (은행 지급준비금) / (희망 지급준비율) = 100 / 0.25 = 400.
   화폐공급은 민간이 보유한 현금 + 예금 = 200 + 400 = 600이 된다.

b. $X$ = 민간이 보유한 현금 = 은행 지급준비금이라고 놓으면 화폐공급은 $X + X/$(지급준비율), 또는 $500 = X + X/0.25 = 5X$, $X = 100$.
따라서 현금과 은행 지급준비금은 모두 100이 된다.

c. 화폐공급이 1,250이고 민간이 유통화폐(현금)를 250 보유하고 있으므로 은행 예금은 1,000이어야 한다. 은행 지급준비금이 100이라면 희망 지급준비율은 $100/1,000 = 0.10$이 된다.

**04** a. 부분 지급준비 은행제도에서(지급준비율이 1보다 작은 경우) 은행들은 예금의 일부를 대출한다. 은행이 대출하고 민간이 자금을 재예치하는 과정은 은행 시스템이 희망하는 지급준비율에 도달할 때까지 예금과 통화공급을 증가시킨다. 지급준비금의 $1는 궁극적으로 몇 달러의 예금을 "지원"하기 때문에 은행 지급준비금의 추가적인 $1는 통화공급에서 몇 달러의 증가를 가져온다(통화승수는 1보다 크다). 통화승수가 1이 되는 경우는 전액 지급준비 은행제도일 경우이다. 그 경우에 지급준비금은 예금과 같게 되므로 지급준비금의 추가적인 $1는 예금 또는 통화공급을 $1만 증가시킨다.

b. 최초에 통화공급은 $1,000이고 민간의 현금보유는 $500, 따라서 예금은 $500이다. 희망 지급준비율이 0.2이므로 최초의 은행 지급준비금은 $100이어야 한다.
은행 지급준비금의 $1 증가는 예금을 $500에서 $101/0.2 = $505로 확대시킨다. 마찬가지로 지급준비금 $5의 증가는 예금과 통화공급을 $5/0.2 = $25 증가시키고 $10의 증가는 예금과 통화공급을 $10/0.2 = $50 증가시킨다. 통화공급은 지급준비금 증가의 5배 증가하므로 이 경제의 통화승수는 5이다. (이 경우는 중앙은행이 은행의 지급준비금을 증가시키더라도 민간의 현금보유액은 변화하지 않는다고 가정한 것이다.)

c. 문항 b의 예가 보여주듯이, 일반적으로 예금과 통화공급의 증가는 은행 지급준비금의 변화에 1/(희망 지급준비율)을 곱한 것과 같다. 따라서 통화승수는 1/(희망 지급준비율)과 같다. (민간의 현금보유액이 변하지 않는다고 가정한 경우) 이 경우의 통화승수 공식은 다음과 같다.

통화승수 = 통화량 증가액 / 지급준비금 증가액 = 1 / (희망 지급준비율)

이 문제의 예에서 통화승수는 1 / 0.2 = 5이다.

그러나 중앙은행이 은행의 지급준비금을 변화시켰을 때 민간의 현금보유액도 변하며 대신에 민간은 현금과 예금의 보유비율을 일정하게 유지한다고 가정하면 통화승수는 다음과 같이 표현될 수 있다.

정의: M1 통화승수 = 통화량 / 본원통화 = 통화량 / (현금통화 + 지급준비금)

= (현금통화 + 예금통화) / (현금통화 + 지급준비금)

= (현금통화 / 예금 + 1) / (현금통화 / 예금 + 희망 지급준비율)

이 경우 통화승수는 민간의 현금통화 / 예금 보유비율과 은행의 희망 지급준비율에 의해 결정된다. 민간의 현금통화 / 예금 비율이 높을수록, 은행의 희망 지급준비율이 높을수록 통화승수는 작아진다.(본문 (21.3)식을 참고하라.)

05 민간의 현금보유량이 표에 주어진 값과 같이 주어졌다고 가정하면 $441억의 통화공급량을 달성하기 위해 매년 예금이 증가되어야 할 필요가 있다. 통화량은 민간이 보유한 현금과 예금의 합으로 정의되므로 1932년 예금은 $392.8억 ($441억 − $48.2억)이 되어야 할 것이다. 은행들이 예금의 10.9%(0.109)를 지급준비금으로 보유했으므로 지급준비금은 $42.8억 ($392.8억 × 0.109)이 되어야 할 것이다. 마찬가지로 1933년에는 예금이 $392.5억 ($441억 − $48.5억)으로 증가해야 하며 이를 위해 지급준비금은 $52.2억($392.5억 × 0.133)이 되어야 한다.

은행의 지급준비금을 증가시키기 위해 Fed는 추가적인 지급준비금을 제공하는 공개시장매입을 수행했어야 했다. 추가적으로 필요했던 지급준비금의 양은 1932년에 $11억 ($42.8억 − $31.8억), 1933년에 $17.7억($52.2억 − $34.5억)이었다.

06 연방준비제도는 정부기관이며 이윤을 창출할 수 없다. Fed는 경제성장, 낮은 인플레이션, 금융시장의 안정적 작동 등과 같은 공공의 목표를 달성하는 데 초점을 두고 있다. Fed는 금융공황을 막기 위해 은행들을 규제하고 통제할 수 있는 한편 은행에 직접 대출을 할 수 있다.

a. 참

b. 참

c. 참

d. 거짓

07 a. 유통속도, $V$는 $(P \times Y) / M$, 또는 명목 GDP / $M$ 이므로 이 예에서
   $V$(M1 유통속도) = 10조 달러 / 2조 달러 = 5,
   $V$(M2 유통속도) = 10조 달러 / 5조 달러 = 2.

b. 수량방정식은 $M \times V = P \times Y$, 또는 $M \times V =$ 명목 GDP이다. 이 예에서 M1에 대하여는 $2조 $\times$ 5 = $10조이고, M2에 대하여는 $5조 $\times$ 2 = $10조이다. 수량방정식은 M1과 M2에 대하여 성립한다.

**08** a. 2016년과 2017년의 물가수준은 두 해 사이의 인플레이션율과 함께 아래의 표에 주어져 있다.

|  | 2016 | 2017 |
|---|---|---|
| $M$ | 1,000 | 1,050 |
| $V$ | 8 | 8 |
| $Y$ | 12,000 | 12,000 |
| $P = (M \times V)/Y$ | 0.67 | 0.70 |
| 인플레이션율 = 5% | | |

b. 아래의 표가 보여주듯이 총생산이 이전의 수준에서 고정되어 있을 때, 통화공급이 증가하면 인플레이션율도 또한 상승한다.

|  | 2016 | 2017 |
|---|---|---|
| $M$ | 1,000 | 1,100 |
| $V$ | 8 | 8 |
| $Y$ | 12,000 | 12,000 |
| $P = MV/Y$ | 0.67 | 0.73 |
| 인플레이션율 = 10% | | |

c. 아래의 표가 보여주듯이 통화공급이 실질 총생산의 증가율과 동일하게 증가하면 인플레이션율은 동일하게 유지된다.

|  | 2016 | 2017 |
|---|---|---|
| $M$ | 1,000 | 1,100 |
| $V$ | 8 | 8 |
| $Y$ | 12,000 | 12,600 |
| $P = MV/Y$ | 0.67 | 0.70 |
| 인플레이션율 = 5% | | |

# 제22장 금융시장과 국제적 자본이동

01  현재의 1년 만기 이자율이 이표이자율(채권이 발행될 때 약속된 이자율)과 같은 경우에만 그 채권은 $1,000에 거래될 것이다. 예를 들어, 이표이자율과 현재 1년 만기 이자율이 모두 6%라고 가정하자. 그러면 채권의 보유자는 1년 후 만기일에 $1,060(원금과 이표이자 지급액)를 받을 것이다. 금융시장에서 현재 1년 만기 이자율이 6%라면 다른 금융투자자는 아제이의 채권이 1년 후에 $1,060(1.06 × $1,000)의 가치가 있기 때문에 현재 $1,000를 지불할 용의가 있을 것이다.

그러나, 이표이자율이 현재의 1년 만기 이자율보다 높다면 그 채권은 현재 $1,000보다 더 가치가 있을 것이다. 예를 들어, 이표이자율이 7%이고 현재 시장이자율이 6%라면 이 채권의 보유자는 1년 후에 $1,070를 받을 것이며 이것은 현재 $1,070 / 1.06 = $1,009의 가치가 있다. 마찬가지로 이표이자율이 시장이자율보다 낮을 때 채권은 현재 $1,000보다 더 가치가 낮다.

02  첫째, 금융시스템은 여러 투자기회에 대한 정보를 제공하여 가장 생산적인 용도로 저축을 배분하는 것을 도와준다. 예를 들어, 은행들은 대출 자금의 소유자인 예금자들을 대신하여 차입자들의 사업전망을 평가하는 데 특화하고 있다. 마찬가지로, 주식과 채권 애널리스트들은 자금을 조달하는 기업들의 수익을 조사하여 가장 매력적인 투자기회에 자금이 이용될 수 있도록 한다. 둘째, 금융시장은 개별 저축자가 다양한 종류의 주식들에 분산투자할 수 있도록 하여, 저축자들에게 개별 투자 프로젝트의 위험을 분산하도록 도와준다.

**03** 주식가격은 매우 변동성이 심하여 위험프리미엄을 가지고 있다. 달리 말하면 금융투자자는 국채와 같은 안전자산에 비해 주식 투자가 평균적으로 높은 수익률을 얻을 것이라고 기대할 경우에만 주식을 보유할 것이다. 주식투자가 가지고 있는 상대적인 위험이 꺼려지지 않는다면 주식보유는 평균적으로 (그러나 불확실한) 높은 수익률을 주기 때문에 좋은 금융투자수단이 된다.

**04** 자본유입은 한 나라로 자금이 흘러들어오는 것이고 이것은 다시 새로운 자본재에 대한 국내투자를 위해 사용될 수 있다. 생산적인 투자기회가 국내 저축보다 훨씬 많은 나라는 해외로부터 차입을 통하여 자금을 조달하여 새로운 자본재에 대한 투자금액을 증가시킬 수 있다. 주로 자본유입을 통해 국내 자본 형성을 조달하는 나라들은 미래에 외국의 투자자들에게 이자와 배당을 지급해야 하며 이것은 그 나라의 미래에 부담을 부과할 수 있다. 그러나, 바람직한 것은 새로운 자본재에 대한 투자가 국내 생산성을 증가시켜 차입국이 차입금을 상환하고 또한 총생산 및 소득 증가의 혜택을 얻는 것이다. 자본유출은 신규 자본재에 대한 투자에 대하여 반대되는 효과를 가지고 있다. 자본유출은 투자기회를 위한 자금수요에 대하여 이용가능한 국내저축을 더 적게 남겨놓기 때문에 신규 자본재에 대한 투자의 감소로 이어질 수 있다.

**05** 한 나라가 재화 또는 서비스를 수입하면 그 수입품에 대하여 어떤 방법으로 지불하여야 한다. 수입에 대하여 동일한 가치의 수출품을 판매함으로써 지불하는 경우에는 무역수지는 0이며 자본유입도 또한 0이다. 금융자산을 판매하여 수입품에 대한 대금을 지불하거나 해외로부터의 차입으로 지불한다면 그 나라에는 수입과 동일한 가치만큼의 자본유입이 발생한다. 셋째, 해외로부터의 차입으로 수입품에 대한 대금을 지불하는 경우, 그 나라에는 수입금액만큼의 자본유입이 발생한다. 따라서 한 나라의 순자본유입은 무역적자와 같다.

**06** <그림 22.3>과 같은 저축–투자 그래프에서 위험의 증가는 순자본유입을 감소시키고 저축공급곡선, $S+KI$ 를 오른쪽으로 이동시킨다. 자본유입은 감소하고 실질이자율은 높아지며 (총저축공급이 감소하였기 때문) 국내 투자는 감소한다.

01  a. 원금은 $1,000, 만기는 3년, 이표이자율은 6%, 이표이자지급액은 $60이다.

   b. 둘째 해 말에 남아있는 지급액은 1년 후 최종적으로 받는 $1,060이다. 이자율이 3%라면 오늘부터 1년 후 $1,060의 가치는 $1,060 / 1.03 = $1,029가 된다. 이자율이 8%라면 채권의 가격은 $1,060 / 1.08 = $981가 된다. 이자율이 10%라면 채권의 가격은 $1,060 / 1.10 = $964가 된다.

   c. 한 가지 가능한 예로 아말감 회사에 대한 나쁜 뉴스가 발표되어 일년 안에 그 회사가 부도가 나서 채무를 상환하지 못할 것이라고 금융투자자들이 불안해 할 경우에 발생할 수 있다.

02  a. 1년 후 주식이 판매될 때 가격이 $100, 배당 $5를 더하여 $105의 가치가 있다. 따라서 주식의 현재가치는 ($100 + $5) / 1.05 = $100.

   b. 주식의 1년 후 가치는 문항 a와 같이 $105이다. 이자율의 상승으로 주식의 현재가치는 하락하게 된다. ($100 + $5) / 1.10 = $95.45. 따라서 이자율이 상승하면 주식가격이 하락한다.

   c. 주식의 1년 후 가치는 $105이다. 요구수익률은 8%(5%의 이자율 + 3%의 위험 프리미엄)이므로 ($100 + $5) / 1.08 = $97.22. 위험 프리미엄이 증가하면 주식가격이 하락한다.

   d. 1년 후 주식의 가치는 $100이다. 문항 c와 같이 요구수익률이 8%이므로 $100 / 1.08 = $92.59. (다른 조건이 동일할 때 기대되는 배당이 낮아지면 주식가격이 하락한다.)

03  a. 신규 발생된 국채의 이자율이 상승할 때 채권가격과 주식가격은 모두 하락한다. 그 이유는 미래의 $1의 현재가치가 원래의 이자율 수준에서보다 더 작아지기 때문이다. 채권가격과 주식가격이 하락하면 투자자들은 아마도 주식과 채권을 구입하려고 할 수 있다.

b. 먼저, 피셔효과(Fisher effect)를 상기하라. 즉, 명목이자율은 실질이자율과 인플레이션 율의 합과 같다. 따라서 주어진 실질이자율에 대하여 낮은 인플레이션율은 명목이자율 을 낮춘다는 것을 의미한다. 낮은 명목이자율은 미래의 $1의 가치가 증가함을 의미하여 투자자들은 채권과 주식을 더 높은 가격에 사려고 할 것이다.

c. 위험프리미엄의 증가는 미래에 받는 $1의 가치를 하락시키기 때문에 주식가격을 낮춘다. 채권가격과 관련하여 두 가지 가능성이 있다. 첫째, 투자자들이 위험프리미엄의 증가를 주식시장에 국한된 것이고 나머지 경제에는 영향이 없는 것으로 판단할 경우 채권가격에 는 영향이 없을 것이다. 둘째, 채권가격은 상승할 수 있다: 투자자들이 주식시장의 변동 에 우려하여 수익률이 낮지만 원금을 안전하게 하려고 한다면 채권에 대한 수요가 증가 하여 채권가격이 상승한다. 이를 안전자산 선호현상(flight to quality)이라고 한다.

04 a. 당나귀 회사는 40%의 확률로 10%의 수익을, 60%의 확률로 0의 수익을 지급한다. 평균 기대수익률은 40% × 10%, 즉 4%이다. 코끼리 회사는 60%의 확률로 8%의 수익을, 40%의 확률로 0의 수익을 지급하므로 평균 기대수익률은 4.8%이다. 기대수익률을 극대 화하기 위해 모든 자금을 코끼리 회사에 투자해야 한다.

b. 민주당원이 이기면 여러분의 달러 수익은 $50이다(당나귀 회사에 투자한 $500의 10%). 공화당원이 이기면 여러분의 달러 수익은 $40이다(코끼리 회사에 투자한 $500의 8%). 민주당원이 이길 확률은 40%, 공화당원이 이길 확률은 60%이므로 달러 기대수익은 (40%) × ($50) + (60%) × ($40) = $44, 즉 $1,000의 투자에 대한 4.4%의 기대수익률이다.

c. 문항 b의 전략은 문항 a의 전략보다 기대수익률이 낮다. 그러나 문항 a의 전략의 경우 민주당원이 승리하면 전혀 수익이 없으므로 더 위험하다. 문항 b의 전략의 이점은 어떤 당이 승리하든지 어느 정도의 수익을 받는다는 점이다(즉, 덜 위험한 전략이며 기대수 익이 낮아진 것에 대한 보상이다).

d. 확실히 4.4%의 수익률을 보장하기 위하여 어느 당원이 승리하든지 적어도 $44의 수익 을 보장하는 전략이 필요하다. 코끼리 회사에 $550, 당나귀 회사에 $450를 투자하면 수 익은 공화당원이 승리하면 $44($550의 8%), 민주당원이 승리하면 $45($450의 10%)가 될 것이다.

e. $D$를 민주당원에게 베팅한 달러금액, $\$1,000 - D$를 공화당원에게 베팅한 달러금액이라고 하자. 민주당원이 승리하면 $10\% \times D$의 수익을 받을 것이며 공화당원이 승리하면 $8\% \times (\$1,000 - D)$의 수익을 받을 것이다. 이 두 수익을 동일하게 하기를 원한다고 하자. $10\% \times D = 8\% \times (\$1,000 - D)$로 놓고 $D$에 대하여 풀면

$$10\% \times D + 8\% \times \$1,000$$

$$18\% \times D = \$80$$

$$D = \$80\ /\ 0.18 = \$444.44.$$

따라서 투자전략은 당나귀 회사에 $\$444.44$를 투자하고 코끼리 회사에 $\$555.56$를 투자하면 누가 승리하든지 4.44%의 수익을 보장하게 된다.

**05** $NX + KI = 0$의 관계를 이용한다:

a. 한국의 수출은 무역흑자를 발생시킨다($NX > 0$). 이스라엘 주식의 구입은 동일한 양의 자본유출이다($KI < 0$). 자본유출은 (음의 자본유입) 무역흑자를 상쇄시킨다.

b. 한국의 멕시코로부터 원유 수입은 무역적자를 발생시킨다($NX < 0$). 멕시코 기업이 한국 정부 채권을 구입하면 한국의 무역적자를 상쇄하는 한국으로의 자본유입이다($KI > 0$).

c. 한국의 멕시코로부터 원유 수입은 동일한 금액의 멕시코로의 수출(원유채굴 장비)에 의해 상쇄된다. 따라서 수입원유의 가치는 수출된 원유채굴 장비의 가치에 의해 상쇄되어 순수출을 변화시키지 않는다. 따라서 순자본유입 $KI = 0$이다.

**06** a. 투자기회의 증가는(투자계획의 수익률이 증가하여) 투자수요곡선($I$)을 오른쪽으로 이동시켜 투자의 증가와 국내 실질이자율의 상승으로 이어진다. 실질이자율의 상승은 국내저축과 자본유입을 증가시킬 것이다.

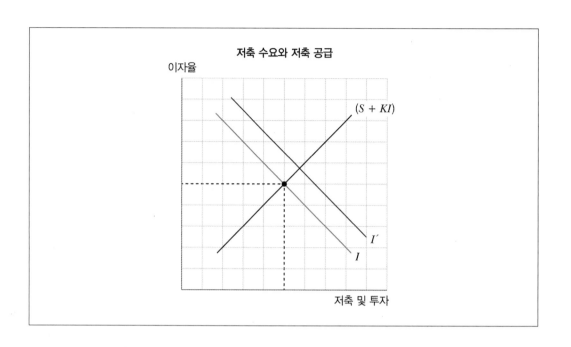

b. 정부의 재정적자의 증가는 저축곡선을(S+ KI) 왼쪽으로 이동시켜 투자를 감소시키고 국내 실질이자율을 상승시킨다. 실질이자율의 상승은 자본유입 증가로 이어지고 이것은 부분적으로 정부의 재정적자의 증가에 의해 발생된 국민저축의 감소를 상쇄하는 데 도움을 주지만 균형 투자는 감소할 것이다.

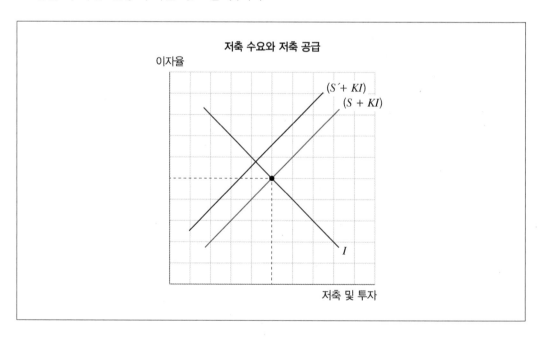

c. 국내 저축의 증가는 저축곡선을 $(S + KI)$ 오른쪽으로 이동시켜 투자를 증가시키고 국내 실질이자율을 하락시킨다. 실질이자율의 하락은 순자본유입의 감소로 이어진다.

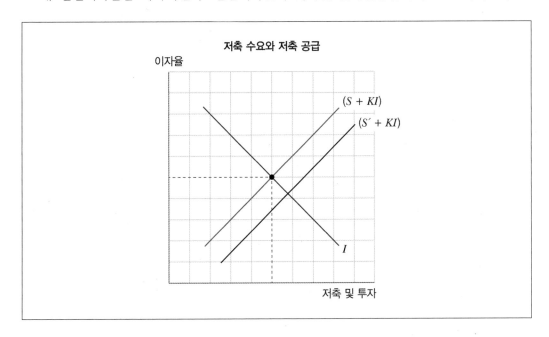

d. 그 나라에 자금을 빌려주는 위험이 증가했다고 외국 투자자들이 생각한다면 이것은 저축곡선을 $(S + KI)$ 왼쪽으로 이동시켜 국내 실질이자율의 상승과 투자의 감소로 이어진다.

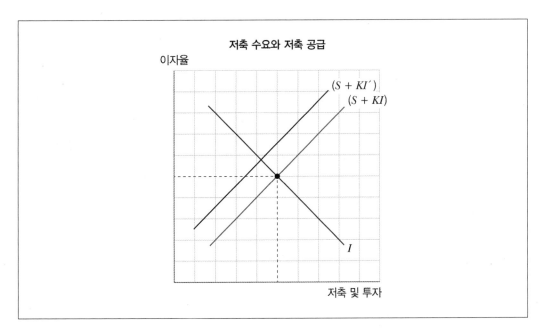

07   a. 저축－투자 시장의 균형에서는 $S + KI = I$가 성립한다.

$$(1,500 + 2,000r) + (-100 + 6,000r) = 2,000 - 4,000r$$

$$12,000r = 600$$

$$r = 0.05 = 5\%$$

실질이자율이 5%로 주어졌을 때 국내저축은 $1,500 + 2,000 \times (0.05) = 1,600$, 자본유입은 $-100 + 6,000 \times (0.05) = 200$, 투자는 $2,000 - 4,000 \times (0.05) = 1,800$.

b. $S = 1,380 + 2,000r$이라고 가정하자. $S + KI = I$조건은 다음과 같다:

$$(1,380 + 2,000r) + (-100 + 6,000r) = 2,000 - 4,000r$$

$$12,000r = 720$$

$$r = 0.06 = 6\%$$

국내저축은 $1,380 + 2,000 \times (0.06) = 1,500$, 자본유입은 $-100 + 6,000 \times (0.06) = 260$, 투자는 $2,000 - 4,000 \times (0.06) = 1,760$. 국내저축의 감소로 국내 실질이자율이 상승하였고 이는 해외로부터 추가적인 자본유입을 끌어들였다. ($KI$는 200에서 260으로 증가) 추가적인 자본유입은 국내저축의 감소를 부분적으로 상쇄시킨다.

c. $S + KI = I$조건은 다음과 같다.

$$(1,500 + 2,000r) + (-700 + 6,000r) = 2,000 - 4,000r$$

$$12,000r = 1,200$$

$$r = 0.10 = 10\%.$$

국내저축은 $1,500 + 2,000 \times (0.10) = 1,700$, 자본유입은 $-700 + 6,000 \times (0.10) = -100$(즉, 순자본유출), 투자는 $2,000 - 4,000 \times (0.10) = 1,600$. 순자본유입의 감소는 국내 실질이자율을 상승시켰고 국내 투자를 감소시켰다. 이것은 개발도상국에서 해외로의 "자본도피"(자본유출의 급격한 증가)가 왜 문제가 될 수 있는지 보여준다.

# 제23장 단기 경기변동: 입문

복습문제

**01** 경기침체는 경제가 정상적인 성장률보다 크게 낮은 증가율로 성장하는 기간이며 반면에 경기확장은 경제가 정상보다 크게 높은 증가율로 성장하는 기간이다. 경기침체의 시작을 정점(경제활동이 최고점에 도달하여 하강이 시작되는 점)이라고 부르고 경기침체의 끝을 (경기확장의 시작) 저점이라고 부른다. 2차 세계대전 후 미국에서 경기확장은 경기침체에 비하여 평균적으로 훨씬 더 길었다.

**02** 일반적으로 내구재 생산자들은 경기침체에 의해 가장 심하게 영향을 받는 반면, 서비스와 비내구재(예를 들면, 식품) 생산자들은 가장 덜 영향을 받는다. 예를 들어, 자동차 생산자의 수입이 매우 큰 폭으로 감소하며 이발소의 수입은 덜 감소한다. 신발 한 켤레는 몇 년 동안 사용될 수 있기 때문에(그리고 사람들은 필요하면 당분간 이러한 물품의 구입을 연기할 수 있기 때문에) 부츠와 신발은 "반 내구재"이다. 따라서 부츠 생산업자의 손실은 앞의 두 종류의 기업들의 손실의 중간 정도일 것이다.

**03** 잠재총생산, 또는 잠재GDP는 경제가 자본 및 노동 투입요소들을 정상적인 가동률로 사용하고 있을 때 생산할 수 있는 총생산량이다. 투입요소는 당분간 정상적인 가동률보다 더 높은 수준에서 사용될 수 있기 때문에(예를 들어, 근로자들은 초과근로를 할 수 있고 기계들은 밤이나 주말에도 사용될 수 있다) 경제가 잠재총생산을 넘는 양을 생산하는 것이 가능하다.

**04** 자연실업률은 구조적 실업과 마찰적 실업의 합계이며 경기적 실업을 제외한다. 따라서 자연실업률은 정의상 경기침체에 의해 영향 받지 않아야 한다. 또한 경기적 실업률은 정의상 경기침체 기간에 상승한다. 인플레이션은 경기침체 이후의 기간에 하락하는 경향이 있다. 대통령에 대한 지지도 또한 감소하는 경향이 있을 것이다.

**05** 거짓. 총생산이 잠재총생산과 같을 때 실업률은 자연실업률과 같다. 총생산이 잠재총생산과 같을 때 경기적 실업은 0이지만 마찰적 실업과 구조적 실업은 여전히 존재한다.

**06** 오쿤의 법칙(Okun's law)에 의하면 잠재총생산보다 2% 낮은 총생산은 1%의 경기적 실업과 대응되며, 따라서 이 경우에 전체 실업률은(자연실업률에 경기적 실업률을 더한 것) 6%가 될 것이다. 총생산이 잠재총생산보다 2% 높다면 경기적 실업은 −1%이고 따라서 전체 실업률은 5% − 1% = 4%가 된다.

## 연습문제

**01** <표 23.1>의 9번의 경기확장들은 합하면 총 285개월, 또는 평균적인 경기확장기의 길이는 약 31.7개월이었다. 한국 경제에서 경기확장이 점점 짧아지고 있다는 약한 증거가 있다. 표에서 처음 네 번의 경기확장은 평균 약 36개월 정도인 반면 이후 다섯 번의 경기확장은 평균적으로 약 28개월이었다. 긴 경기확장 다음에 긴 경기침체가 따라온다는 특별한 경향이 있는 것 같지는 않다. 1975년 6월에 시작된 44개월의 경기확장 후에는 19개월의 경기침체가 뒤따랐고 1993년 1월 시작된 38개월의 경기확장 후에는 11개월의 경기침체가 뒤따랐다. 또한 2001년 7월에 시작된 경기확장은 17개월이었지만 그 이후 경기침체는 28개월로 긴 편이었다. 표에서 가장 길었던 두 번의 경기침체는 각각 29, 28개월이었고 각각 24개월과 33개월의 경기확장으로 이어져 별 관련성이 없는 것으로 보인다. (상관계수 0.0).

02  1981~ 82, 1990~91, 2001년 경기침체 기간에 대한 실질GDP와 실질GDP 증가율 자료가
     아래 표와 같이 주어져 있다.

| 연도 / 분기 | GDP (10억 원, 2010년 기준) | 전분기 대비 증가율 |
|---|---|---|
| 2000~2001 경기침체 | | |
| 2000 3/4 | 209,253.80 | 2.8 |
| 2000 4/4 | 207,689.40 | −0.8 |
| 2001 1/4 | 209,663.30 | 0.9 |
| 2001 2/4 | 212,914.50 | 1.5 |
| 2003~2005 경기침체 | | |
| 2003 1/4 | 233,747.90 | −0.7 |
| 2003 2/4 | 233,791.50 | 0.0 |
| 2003 3/4 | 237,575.30 | 1.6 |
| 2003 4/4 | 243,681.50 | 2.5 |
| 2004 1/4 | 246,797.10 | 1.3 |
| 2004 2/4 | 248,493.20 | 0.7 |
| 2004 3/4 | 249,268.20 | 0.3 |
| 2004 4/4 | 250,727.30 | 0.6 |
| 2005 1/4 | 252,706.40 | 0.8 |
| 2008~2009 경기침체 | | |
| 2008 1/4 | 295,070.90 | 0.5 |
| 2008 2/4 | 296,538.10 | 0.5 |
| 2008 3/4 | 299,068.50 | 0.8 |
| 2008 4/4 | 289,093.80 | −3.5 |
| 2009 1/4 | 289,370.90 | 0.1 |
| 2011~2013 경기침체 | | |
| 2011 3/4 | 329,175.2 | 0.7 |
| 2011 4/4 | 331,124.6 | 0.6 |
| 2012 1/4 | 332,924.3 | 0.5 |
| 2012 2/4 | 334,867.3 | 0.6 |
| 2012 3/4 | 335,968.6 | 0.3 |
| 2012 4/4 | 338,206.3 | 0.7 |
| 2013 1/4 | 340,212.0 | 0.6 |

a. 2000~2001년 경기침체 기간에는 실질 GDP 증가율이 음수를 기록한 분기가 한 번 있었다(2000년 4분기). 2003~2005년 경기침체에서도 실질GDP 증가율이 음수인 경우는 2003년 1분기뿐이었지만 2003년 2분기에도 0%의 증가율을 기록하였다. 2008~2009년 경기침체 기간에도 마찬가지로 실질GDP 증가율이 음수인 분기는 한 분기에 지나지 않지만 그 크기는 −3.3%로 매우 급격한 하락을 보였다. 2011~2013년 경기침체 기간에는 실질GDP 증가율이 뚜렷하게 큰 폭의 하락을 보여주지는 않았지만 연간 2% 초반 수준의 증가율을 기록하였다.

b. 최근 세 번의 한국의 경기침체 기간에서는 두 분기 연속으로 음수의 실질GDP 증가율을 기록한 적은 없었다. 다만 2003~2005년의 경기침체 기간의 시작에서 −0.7%와 0.0%를 연속적으로 기록한 적이 있다. 따라서 최근 한국 경제의 경기침체들에서는 두 분기 연속으로 음수의 GDP 성장률을 기록해야 한다는 경기침체의 비공식적 기준(미국 경우에 잘 적용되는 편이다)을 충족하지 못하였다.

**03** 문제에서 주어진 자료와 총생산 갭, 갭의 종류, 실질GDP 증가율은 아래 표와 같다.

| 연도 | 실질 GDP | 잠재 GDP | 총생산 갭 | 갭의 종류 | 실질 GDP 증가율 |
|------|----------|----------|-----------|-----------|------------------|
| 2005 | $14,234.2 | $14,272.6 | −0.3% | 확장갭 | − |
| 2006 | $14,613.8 | $14,578.7 | 0.2% | 확장갭 | 2.7% |
| 2007 | $14,873.7 | $14,843.6 | 0.2% | 침체갭 | 1.8% |
| 2008 | $14,830.4 | $15,098.3 | −1.8% | 침체갭 | −0.3% |
| 2009 | $14,418.7 | $15,310.3 | −5.8% | 침체갭 | −2.5% |
| 2010 | $14,783.8 | $15,457.0 | −4.4% | 침체갭 | 2.5% |
| 2011 | $15,020.6 | $15,615.8 | −3.8% | 침체갭 | 1.6% |
| 2012 | $15,354.6 | $15,815.5 | −2.9% | 침체갭 | 2.2% |
| 2013 | $15,612.2 | $16,049.4 | −2.7% | 침체갭 | 1.7% |
| 2014 | $16,013.3 | $16,305.7 | −1.8% | 침체갭 | 2.6% |
| 2015 | $16,471.5 | $16,573.4 | −0.6% | 침체갭 | 2.9% |
| 2016 | $16,716.2 | $16,832.8 | −0.7% | 침체갭 | 1.5% |

2005년 GDP 증가율은 음수였지만 2006년과 2007년 양수로 돌아섰다. 글로벌 금융위기의 여파로 공식적인 가장 최근의 경기침체에 해당하는 2008년과 2009년 실질GDP 증가율은 다시 음수가 되었다. 2010년 이래로 실질GDP 증가율은 계속 양수를 기록했지만 침체갭이

계속 발생하였다. 이것은 대침체의 효과가 미국 경제에 얼마나 오랫동안 영향을 미쳤는지를 보여준다.

**04** 2018년 1월 미국 실업률에 대한 자료는 다음과 같다.

| 구분 | 실업률(%) |
|---|---|
| 전체, 16~19세 | 13.9 |
| 남성, 20세 이상 | 3.9 |
| 여성, 20세 이상 | 3.6 |

10대의 실업률은 성인의 실업률보다 훨씬 높은데 그 이유는 10대들이 숙련도가 낮고 안정적인 장기 직장을 구할 가능성이 훨씬 적기 때문이다.(그들은 경제활동인구와 비경제활동인구 사이를 빈번히 오가기도 한다.) 1980년 이래 자연실업률이 하락한 한 가지 이유는 16세에서 19세까지의 경제활동인구의 비중이 감소하여 전체 근로자의 평균실업률을 낮추었다는 것이다.

**05** a. 2012년 실질 GDP는 잠재 GDP보다 2% 낮으며 따라서 경기적 실업은 1%이다. 실제 실업률은 6%이었기 때문에 자연실업률은 5%이어야 한다.

b. 2013년 자연실업률은 실제 실업률과 같고 따라서 경기적 실업은 0이며 오쿤의 법칙에 따르면 총생산 갭도 없다. 따라서 잠재총생산은 $8,100으로 실제의 실질 GDP와 동일하다.

c. 2014년 경기적 실업은 4% − 4.5% = −0.5%로서 오쿤의 법칙에 따르면 총생산 갭은 1%이다. 실질 GDP가 잠재 GDP를 1% 초과한다면 실질GDP는 $8,282( = 1.01 × $8,200)이어야 한다.

d. 2015년 실질GDP는 잠재GDP보다 2% 높으므로 (총생산 갭은 2%) 오쿤의 법칙에 따르면 경기적 실업은 −1%이다. 자연실업률이 5%이므로 실제 실업률은 4%이다.

**06** 실제 총생산이 잠재총생산보다 낮을 때 침체갭이 존재한다. 낮은 총지출은 총생산이 잠재총생산보다 낮아지게 하는 원인이 된다. 정부의 확장적 정책들은 이러한 종류의 총생산 갭을 제거하는 데 도움을 줄 수 있다.

반면 지출이 높을 때, 총생산은 잠재총생산보다 높아질 수 있으며 인플레이션갭(확장갭)이라고 부르는 총생산갭이 발생한다. 이러한 경우 정부의 수축정책들은 총생산갭을 제거하는 데 도움을 준다. 따라서 "총생산갭은 정부 정책의 의도하지 않은 부작용에 의해 발생한 인플레이션 압력에 기인한다"는 주장은 옳지 않다. 정부의 정책들은 총생산갭의 원인이라기 보다는 총생산갭을 제거하는 데 사용될 수 있는 유용한 수단이다.

# 제24장 단기에서의 총지출과 총생산

## 복습문제

**01** 기본 케인즈모형의 중요한 가정은 단기에서 기업들은 미리 결정된 가격에 수요를 충족시킨다는 것이다. 기업들이 수요(즉, 총지출)를 충족시키도록 생산한다는 사실은, 단기에서는 수요의 변화가 총생산을 결정한다는 것을 의미한다.

**02** 많은 예들이 가능하다. 밀과 같이 표준화 되어 있고 대량으로 매매되는 재화들은 가격조정이 빠르게 이루어지는 경향이 있다. 왜냐하면 그렇게 표준화된 재화에 대해서는 가격조정이 자주 이루어지는 경매시장을 만드는 편익이 비용을 항상 초과하기 때문이다. 옷이나 스커트와 같은 재화들은 표준화되어 있지 않으며(사이즈, 색깔, 스타일이 다양하다) 보통 소매점에서 하나씩 판매되므로 가격들이 자주 변화하지 않는 경향이 있다.

**03** 계획된 총지출($PAE$)은 최종 재화와 서비스에 대한 계획된 지출의 총합이다. 그것은 소비지출, 투자지출, 재화와 서비스에 대한 정부구매, 순수출(수출에서 수입을 뺀 것)을 합한 것이다. 총생산의 변화는 생산자가 받는 소득의 변화에 반영되며 이것은 다시 소비함수를 통하여 소비지출에 영향을 준다. 소비는 $PAE$의 일부분이므로 총생산의 변화는 $PAE$의 변화로 이어진다.

**04** 계획된 총지출은 계획된 재고 증가를 포함한다. 기업들의 실제 판매가 계획된 것과 다르다면 재고 증가도 계획된 것과 다를 것이며 실제 지출은 계획된 지출과 다르게 될 것이다. 예를 들어, 한 기업이 100단위를 생산하여 90단위를 판매하고 10단위의 재고를 증가시키려고 계획했다고 가정하자. 그러나 그 기업이 실제로 80단위만을 판매하였다면 20단위의 재고를 증가시켜야 한다. 그 기업의 계획된 재고투자는(투자의 구성 부분이며 또한 총지출의 구성 부분) 10단위였지만 실제 재고투자는 20단위였다. 따라서 기업의 실제 투자지출은

(재고투자를 포함하여) 계획된 것보다 더 크다. 반면에 기업이 생산한 100단위를 모두 판매하였다면 재고를 증가시킬 수 없으며 실제 투자는(재고투자 포함) 계획된 것보다 적을 것이다.

**05** <그림 24.2>는 소비함수를 그리고 있다. 소비, $C$는 세로축에, 처분가능소득, $Y-T$는 가로축에 그려져 있다.

    a. 소비함수의 그래프를 따라 왼쪽에서 오른쪽으로 이동하는 것은 처분가능소득이 증가함에 따라 소비가 증가한다는 것을 의미한다.

    b. 소비함수의 상방 평행이동은 사람들이 주어진 처분가능소득 수준에서 더 많이 소비하는 것을 가리키며 부의 효과, 이자율의 변화, 미래소득에 대한 기대의 변화 등과 같이 처분가능소득 이외에 소비에 영향을 주는 요인, 즉 독립소비의 변화가 소비를 변화시킨다는 것을 의미한다.

**06** <그림 24.4>는 케인즈 교차 그림을 보여주고 있다. 45°선은 단기 균형총생산의 정의, $Y=PAE$를 의미한다. 단기균형 총생산은 45°선 위에 있어야만 한다. 더 완만한 직선인 지출선은 총수요가 총생산에 어떻게 의존하는지를 보여준다. 총생산이 증가하면 처분가능소득이 증가하기 때문에 소비가 증가하고 계획된 총지출이 증가하므로 지출선은 우상향한다. 독립지출은 지출선의 세로축 절편으로 주어지며 한계소비성향은 지출선의 기울기이고 단기 균형총생산은 지출선과 $Y=PAE$선의 교차점에 해당하는 가로축 좌표이다. 유발지출을 구하기 위하여 $Y=PAE$선과 지출선의 교차점에서 수평선을 그리면 수평선이 지나는 세로축 좌표(실제 총지출과 같다)와 지출선의 절편(독립지출) 사이의 차이가 유발지출이다.

**07** 승수는 독립지출이 한 단위 증가할 때 단기 균형총생산이 얼마나 변하는지를 말해준다. 독립지출의 한 단위 증가는 직접적으로 총생산을 한 단위 증가시킬 뿐만 아니라 생산자의 소득을 한 단위 증가시키기 때문에 승수는 1보다 커지게 된다. 생산자의 소득의 증가는 소비지출을 추가적으로 증가시키고 이것은 다시 다른 생산자들의 소득을 증가시켜 그들의 소비지출을 증가시킨다. 이렇게 지출과 소득 창출이 연쇄적으로 발생하는 과정을 통하여 총생산의 최종적인 증가는 최초의 한 단위 증가보다 더 크게 된다.

**08** 정부구매의 증가는 독립지출을 50단위 증가시킨다. 조세감면은 처분가능소득을 50단위 증가시키고 또한 소비지출을 증가시켜 총수요를 자극한다. 그러나 조세감면은 50단위에 한계소비성향($mpc$)을 곱한 만큼 독립지출을 증가시키기 때문에 한계소비성향이 1보다 작으므로 독립지출을 50단위보다 적게 증가시킨다. 따라서 정부구매의 증가가 조세감면보다 계획된 총지출에 더 큰 효과를 미친다고 예측할 수 있다.

**09** 첫째, 정부구매와 조세에 대한 결정은 계획된 총지출뿐만 아니라 잠재총생산에도 영향을 미칠 수 있다. 재정정책의 효과를 평가할 때 조세와 이전지출 프로그램의 변화에 따른 유인구조에 대한 효과뿐만 아니라 정부가 지출하는 품목도 고려해야 한다. 조세정책들은 노동공급 의사결정과 투자 결정에 영향을 미치고, 정부구매의 종류에 따라 잠재총생산의 장기 성장률에 영향을 미칠 수 있다.

　둘째, 정부구매와 조세의 변화는 정부의 재정적자에 영향을 줄 수 있으며 이것은 다시 자본재에 대한 장기 투자와 잠재성장률에 영향을 미칠 수 있다. 예를 들어 확장적인 재정정책은 단기적으로 계획된 총지출을 증가시켜 총생산과 고용을 증가시킬 수 있으나 국민저축을 감소시켜(민간저축의 증가가 없다면 정부의 재정적자를 증가시킴으로써) 실질이자율을 상승시킬 수 있다. 이자율의 상승은 자본재에 대한 투자와 총생산의 장기 성장률을 감소시킬 수 있다. 이러한 효과를 구축효과(밀어내기 효과)라고 부른다.

　셋째, 재정정책은 의회의 심의과정이 길고 상대적으로 경직적이어서 정부가 총생산 갭에 신속하게 대응하는 능력을 감소시킨다. 정책실행에서의 지체는 의회 심의과정 자체로부터(대통령이 예산안을 먼저 의회에 제출하고 최종적으로 입법이 이루어지기 전에 종종 수개월동안 논의되며 이후 수개월 후에 효력이 발생한다) 발생하기도 하고 지출과 조세의 우선순위에 대한 논쟁으로부터 발생하기도 한다.

01  각 경우에 애크미 회사의 계획된 투자는 150만 달러이다(새로운 장비에 대한 계획된 지출에 재고투자 0을 합한 것). 이 문제에서 중요한 포인트는 애크미의 실제 투자를 알아내기 위하여 애크미가 계획되지 않은 재고투자의 양을 알아내어 계획된 투자에 더해주는 것이다.

a. 애크미 회사가 385만 달러의 재화를 판매한다면, 총 실제투자는 계획되지 않았던 재고투자, 15만 달러를 더하여 165만 달러가 된다.

b. 애크미 회사가 계획된 대로 400만 달러의 재화를 판매한다면 실제투자는 150만 달러로 계획된 투자와 일치한다.

c. 애크미 회사가 420만 달러의 재화를 판매한다면 20만 달러의 재화를 기존의 재고로부터 충당해야 하므로 재고투자가 −20만 달러임을 의미한다. 이 경우에 애크미 회사의 실제 투자는 150만 달러 − 20만 달러 = 130만 달러이다.

총생산이 단기균형 총생산과 일치하는 경우는 문항 b의 경우로서 계획된 지출과 실제 지출이 일치한다.

02  a. 소비와 처분가능소득(세금부과 전 소득에서 세금납부액을 제한 금액)은 다음과 같다:

| 처분가능소득($) | 소비($) |
| --- | --- |
| 22,000 | 20,000 |
| 23,500 | 21,350 |
| 24,300 | 22,070 |
| 26,000 | 23,600 |

소비함수 그래프는 처분가능소득을 가로축으로 소비를 세로축으로 그릴 때 이 점들을 지나는 직선이다.

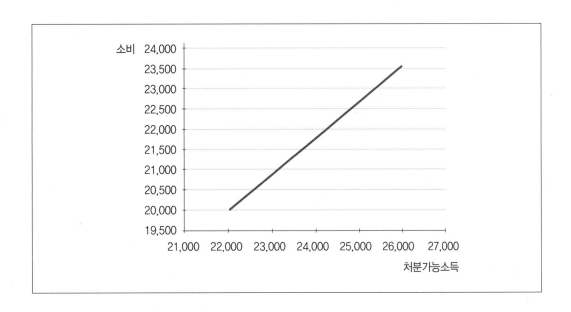

한계소비성향은 처분가능소득에서의 $1 증가로 인하여 증가하는 소비이다. 이 경우 처분가능소득이 $22,000에서 $23,500로 $1,500 증가한다면 소비는 $1,350 증가한다. 따라서 $mpc$ = $1,350 / $1,500 = 0.9이다. 소비함수의 다른 점들을 체크해보면 이 사실을 확인할 수 있다. 예를 들어, 처분가능소득이 추가적으로 $800 증가한다면($24,300 − $23,500) 소비는 $720($22,070 − $21,350) 증가하며 이것은 0.9 × $800과 같다. 마찬가지로 처분가능소득이 다시 $1,700 증가한다면 ($26,000 − $24,300) 소비는 $1,530 = 0.9 × $1,700만큼 증가하게 된다.

또한 소비함수의 절편 $\overline{C}$를 구할 수 있다. $mpc$는 0.9이기 때문에 소비함수는 $C = \overline{C} + 0.9(Y − T)$와 같이 표현할 수 있다. $\overline{C}$를 구하기 위하여 위에서 주어진 소비와 처분가능소득의 조합을 방정식에 대입하면 된다. 예를 들어 $C$ = $20,000, $Y − T$ = $22,000이라고 놓으면 $20,000 = $\overline{C}$ + 0.9 × $22,000, 즉 $\overline{C}$ = 200을 얻는다. 따라서 심슨 가정의 소비함수는 $C = 200 + 0.9(Y − T)$이다.

b. 문항 a에서 도출된 소비함수로부터 $Y$ = $32,000, $T$ = $5,000으로 놓으면 $C$ = 200 + 0.9 × ($27,000) = $24,500을 얻는다.

c. 그래프는 처분가능소득의 각 수준에서 위로 $1,000만큼 이동한다(세로축 절편 $\overline{C}$는 $200에서 $1,200으로 증가한다). 처분가능소득의 각 수준에서 소비의 변화는 동일하기 때문에 $mpc$는 변하지 않으며 그래프만 위로 평행이동한 것이다. 소비함수의 기울기인 $mpc$는 변하지 않는다.

**03**　a. $PAE$의 정의로부터 $PAE = C + I^P + G + NX$이고 문제에서 주어진 $PAE$의 구성요소들을 대입하면

$$PAE = 1,800 + 0.6(Y - 1,500) + 900 + 1,500 + 100$$
$$PAE = 3,400 + 0.6Y$$

　　b. 독립지출은 3,400이고 유발지출은 $0.6Y$이다.

**04**　a. 단기 균형총생산은 다음과 같이 구할 수 있다.

| 총생산 ($Y$) | 계획된 총지출 ($PAE$) | $Y - PAE$ | $Y = PAE$? |
|---|---|---|---|
| 8,000 | 8,200 | $-200$ | × |
| 8,100 | 8,260 | $-160$ | × |
| 8,200 | 8,320 | $-120$ | × |
| 8,300 | 8,380 | $-80$ | × |
| 8,400 | 8,440 | $-40$ | × |
| 8,500 | 8,500 | 0 | O |
| 8,600 | 8,560 | 40 | × |
| 8,700 | 8,620 | 80 | × |
| 8,800 | 8,680 | 120 | × |
| 8,900 | 8,740 | 160 | × |
| 9,000 | 8,800 | 200 | × |

기본 케인즈 모형에서 단기 균형총생산을 구하기 위해
$$PAE = [1,800 + 0.6(Y - 1,500)] + 900 + 1,500 + 100$$

정리하면 다음을 얻는다.
$$PAE = 3,400 + 0.6Y$$

총생산과 계획된 총지출이 8,500일 때 서로 같아지므로($Y = PAE$) 단기 균형총생산, $Y = 8,500$이다.

b. 3번 문제로부터 $PAE = 3,400 + 0.6Y$를 얻었다. 단기 균형총생산을 구하기 위하여 단기 균형총생산을 결정하는 조건인 $Y = PAE$를 이용한다.

$Y = PAE$

$Y = 3,400 + 0.6Y$

$0.4Y = 3,400$

$Y = 8,500$

이 결과는 문항 a에서 얻은 값과 동일하다.

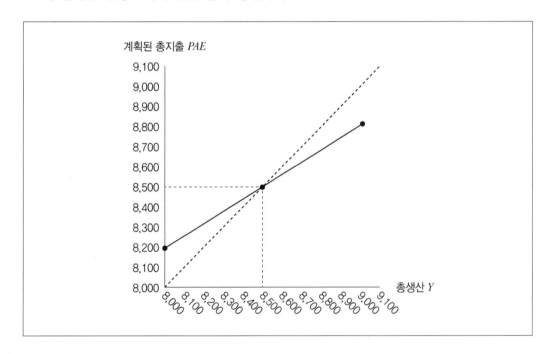

c. 완전고용 총생산($Y^*$)이 9,000이고 총생산 갭은 $Y - Y^*$이므로 $8,500 - 9,000 = -500$이다. 완전고용 총생산의 퍼센티지로 나타내면 갭은 $-500/9,000 = -5.6\%$이다. 오쿤의 법칙에 의하면 경기적 실업은 총생산 갭의 반에 부호를 바꿔준 값이므로 2.8%이다. 자연실업률은 4%로 주어졌으므로 실제 실업률은 4% + 2.8% = 6.8%.

05 a. 정부구매가 100 증가하면 독립지출이 3,400에서 3,500으로 증가한다. 승수가 2.5이므로 독립지출 100단위 증가는 총생산을 250 = (100 × 2.5)단위 증가시켜 새로운 균형 총생산은 8,750 = (8,500 + 250)이 된다. 균형총생산은 4번 문제 문항 a와 같이 표를 만들어 풀거나 $Y = PAE$ 조건을 이용하여 $Y$에 대하여 풀면 된다:

$$Y = PAE$$
$$Y = 3,500 + 0.6Y$$
$$0.4Y = 3,500$$
$$Y = 8,750$$

b. 100의 조세감면은 독립지출을 3,400에서 3,460으로 증가시킨다. (조세감면은 처분가능소득을 통하여 소비에 영향을 미치기 때문에 $T$에서의 100단위 감소는 $mpc$인 0.6을 곱하여 60단위의 독립지출이 증가하게 됨을 유의하라.) 승수가 2.5이므로 독립지출 60단위 증가는 총생산을 150 = (60 × 2.5)단위 증가시켜 새로운 균형 총생산은 8,650 = (8,500 + 150)이 된다. 균형총생산은 $Y = PAE$로 놓아 다음과 같이 얻어진다:

$$Y = PAE$$
$$Y = 3,460 + 0.6Y$$
$$0.4Y = 3,460$$
$$Y = 8,650$$

c. 계획된 투자가 100단위 감소하면 독립지출은 3,400에서 3,300으로 감소한다. 승수가 2.5이므로 독립지출 100단위 감소는 총생산을 250 = (100 × 2.5)단위 감소시켜 새로운 균형 총생산은 8,250 = (8,500 - 250)이 된다. 균형총생산은 $Y = PAE$로부터 다음과 같이 계산된다:

$$Y = PAE$$
$$Y = 3,300 + 0.6Y$$
$$0.4Y = 3,300$$
$$Y = 8,250$$

위의 세 가지 예들에서 독립지출 1단위 증가에 따른 총생산의 변화를 가리키는 승수가 2.5로 주어져 있지만 승수에 대한 공식, $\dfrac{1}{1 - mpc}$로부터 승수를 확인할 수 있다.

$mpc = 0.6$이므로 승수는 $\dfrac{1}{1-0.6} = \dfrac{1}{0.4} = 2.5$이다.

06  a. 승수는 $1/(1-mpc)$이고 여기에서 $mpc$는 한계소비성향이다. 이 경제에서 $mpc = 0.75$ 이므로 승수는 $1 / (1 - 0.75) = 4$이다. 따라서 침체 갭의 크기는 계획된 투자의 감소 크기의 네 배이다.

b. 완전고용 수준으로 균형을 회복시키기 위해 전체 독립지출을 이전의 수준으로 증가시 켜야만 한다. 침체 갭을 제거하기 위해 필요한 정부구매의 증가는 계획된 투자의 감소 분과 정확히 동일하다. 승수가 4이므로 계획된 투자의 감소에 의해 발생된 총생산의 감 소를 상쇄하기 위해 정부구매를 변화시키면 총생산의 변화는 정부구매 변화의 네 배가 될 것이다.

c. 완전고용 수준으로 균형을 회복시키기 위해 전체 독립지출을 이전의 수준으로 증가시 켜야만 한다. 그러나 소비자들이 처분가능소득 증가의 0.75만큼을 소비하기 때문에 조 세의 변화는 계획된 투자의 감소분보다 더 커야 한다. 조세가 계획된 투자의 변화분만 큼 감소된다면 독립지출은 이 변화분의 75%만이 증가할 것이므로 경제에 여전히 침체 갭이 남아있게 된다. 조세가 얼마나 많이 감소되어야 하는가? 독립소비지출의 증가가 계획된 투자의 감소와 같도록 만들어야 한다. 수학적으로는

$$0.75 \times (\text{조세의 변화}) = -(\text{계획된 투자의 변화})$$

양변을 0.75로 나누면 다음을 얻는다.

$$(\text{조세의 변화}) = -(1 / 0.75) \times (\text{계획된 투자의 변화}) = -1.33 \times (\text{계획된 투자의 변화})$$

를 만족해야 한다. 조세의 감소는 계획된 투자의 감소보다 33% 더 많아야 한다. 예를 들어 계획된 투자가 1억 달러 감소하였다면 조세는 1.33억 달러 감소해야 한다. 소득이 1.33억 달러 증가하면 소비자들은 이 증가분의 0.75를 소비하므로 독립소비가 (약) 1억 달러 증가하게 된다.

d. 정부가 정부구매와 조세를 동일한 크기로 증가시킨다면, 정부구매의 증가는 그 증가분 이 독립지출 증가에 모두 반영되지만 조세의 증가는 독립소비지출을 조세 증가(정부구 매의 변화와 동일)의 0.75만큼만 감소시키기 때문에 그 결과는 독립지출의 증가로 나타

날 것이다. 따라서 정부구매와 조세가 각각 1달러 증가할 때(균형재정 유지) 독립지출은 0.25달러 증가하게 된다. 경제의 완전고용 수준을 회복하기 위해 전체 독립지출은 투자지출 감소 이전의 원래의 수준으로 증가해야 한다. 결과적으로 경제를 완전고용 수준으로 이동시키기 위해 정부는 독립투자지출 감소분의 네 배에 해당하는 지출(그리고 조세)을 증가시켜야 한다. 이로 인한 독립지출의 증가는 투자지출 감소분을 정확히 상쇄하여 경제의 전체 독립지출을 원래의 수준으로 회복시키고 총생산을 완전고용 수준으로 증가시키게 된다.

07  a. 기본 케인즈 모형으로 분석해보자.
계획된 총지출은 다음과 같다.

$$PAE = C + I^p + G + NX$$
$$PAE = 40 + 0.8(Y - 150) + 70 + 120 + 10$$
$$PAE = 120 + 0.8Y$$

b. 아래의 표는 여러 총생산 수준에 대하여 계획된 총지출($PAE$) 수준을 보여주고 있다.

| 총생산($Y$) | 계획된 총지출 ($PAE$) | $Y - PAE$ |
|---|---|---|
| 550 | 560 | $-10$ |
| 560 | 568 | $-8$ |
| 570 | 576 | $-6$ |
| 580 | 584 | $-4$ |
| 590 | 592 | $-2$ |
| 600 | 600 | 0 |
| 610 | 608 | 2 |
| 620 | 616 | 4 |
| 630 | 624 | 6 |
| 640 | 632 | 8 |

단기 균형총생산은 600이며 이 수준에서 $Y = PAE$이다.

c.  $Y^* = 580$이기 때문에 20단위의 확장 갭이 존재한다. 총생산 갭을 제거하기 위해 독립지출이 감소하거나 조세가 증가하여야 한다. 전자의 경우 승수가 5일 때 정부구매는 4단위 감소하여야 한다. 이 경우 총생산은 $4 \times 5 = 20$단위 감소하게 된다. 후자의 경우 전체 독립지출은 4단위 감소해야 하므로 조세가 5단위 증가할 때 $mpc = 0.8$이면 독립지출의 감소는 $0.8 \times 5 = 4$단위가 되고 이것은 다시 승수가 5일 때 총생산을 20단위 감소시킨다.

d.  $Y^* = 630$인 경우 30단위의 침체 갭이 존재한다. 총생산 갭을 제거하기 위해 독립지출이 증가하거나 조세가 감소하여야 한다. 전자의 경우 승수가 5일 때 정부구매는 6단위 증가하여야 한다. 이 경우 총생산은 $6 \times 5 = 30$단위 증가하게 된다. 후자의 경우 전체 독립지출은 6단위 증가해야 하므로 조세가 7.5단위 증가할 때 $mpc = 0.8$이면 독립지출의 증가는 $0.8 \times 7.5 = 6$단위가 되고 이것은 다시 승수가 5일 때 총생산을 30단위 증가시킨다.

e.

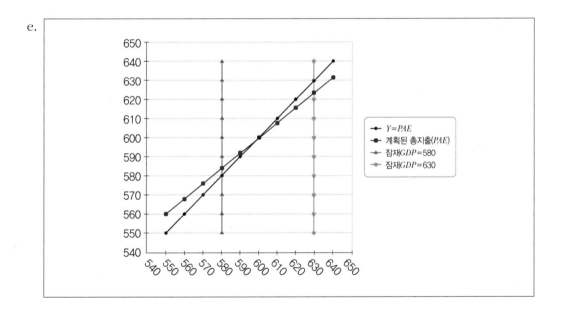

**08**  a. 계획된 총지출($PAE$)은 다음과 같이 표시된다.

$$PAE = C + I^p + G + NX$$
$$PAE = 3{,}000 + 0.5(Y - 2{,}000) + 1{,}500 + 2{,}500 + 200$$
$$PAE = 6{,}200 + 0.5Y$$

이 관계식으로부터 독립지출이 6,200이라는 것을 알 수 있다. 승수는 $\dfrac{1}{1-mpc}$ 이고 여기에서 $mpc$는 한계소비성향이다. 이 경제에서 $mpc = 0.5$이므로 승수는 $1 / (1 - 0.5) = 2$이다. 단기 균형총생산은 계획된 총지출($PAE$)과 총생산 사이의 관계를 보여주는 표로부터 도출될 수도 있고 수학적으로 구할 수도 있다.

| 총생산 ($Y$) | 계획된 총지출 ($PAE$) | $Y - PAE$ |
|---|---|---|
| 12,000 | 12,200 | −200 |
| 12,100 | 12,250 | −150 |
| 12,200 | 12,300 | −100 |
| 12,300 | 12,350 | −50 |
| 12,400 | 12,400 | 0 |
| 12,500 | 12,450 | 50 |
| 12,600 | 12,500 | 100 |
| 12,700 | 12,550 | 150 |

균형은 $Y = 12{,}400$에서 달성된다. 수학적으로 단기 균형총생산은 총생산 ($Y$) = $PAE$인 점에서 구해진다.

$$Y = 6{,}200 + 0.5Y$$
$$Y - 0.5Y = 6{,}200$$
$$0.5Y = 6{,}200$$
$$Y = 12{,}400$$

$Y^* = 12{,}000$이라면 이 경제는 400단위의 확장 갭을 가지고 있다. 이 총생산 갭을 제거하기 위해 승수가 2이므로 독립지출은 200단위 감소하여야 한다.

b. 아래의 그래프를 참조하라.

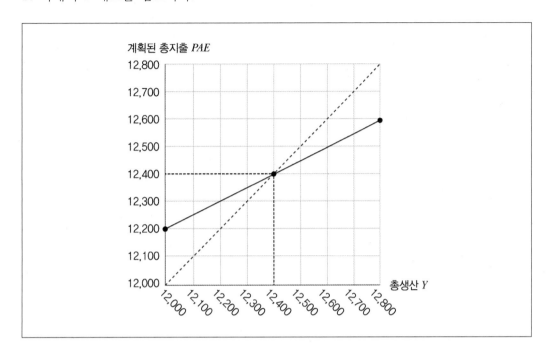

c. $Y^* = 12,000$이라면 이 경제에는 확장갭이 존재한다. 총생산갭을 제거하기 위하여 주어진 승수 2에 대하여 독립지출 200이 감소되어야 한다.

d. $Y^* = 12,000$이라면 이 경제에는 확장갭이 존재한다. 총생산갭을 제거하기 위하여 정부는 세금을 400 증가시켜야 한다.

09   a. 계획된 총지출($PAE$)은 다음과 같이 표시된다.

$$PAE = C + I^p + G + NX$$
$$PAE = 40 + 0.8(Y - 150) + 70 + 120 + 0$$
$$PAE = 110 + 0.8Y$$

수학적으로 단기 균형총생산은 총생산($Y$) $= PAE$에서 달성된다.

$$Y = 110 + 0.8Y$$
$$Y - 0.8Y = 110$$
$$0.2Y = 110$$
$$Y = 550$$

단기 균형총생산은 550이다.

b. 계획된 총지출($PAE$)은 다음과 같다.

$$PAE = C + I^p + G + NX$$
$$PAE = 40 + 0.8(Y - 150) + 70 + 120 + 100$$
$$PAE = 210 + 0.8Y$$

단기 균형총생산은 총생산($Y$) $= PAE$에서 달성된다.

$$Y = 210 + 0.8Y$$
$$Y - 0.8Y = 210$$
$$0.2Y = 210$$
$$Y = 1,050$$

단기 균형총생산은 1,050으로 원래의 균형보다 500단위 더 높다. $NX$에서의 100단위 독립적인 증가는 균형총생산을 500단위 증가시키고 이 결과는 이 경제의 승수가 5라는 것과 일치한다.(5 × 독립지출의 변화 = 5 × 100 = 500 = 균형총생산의 변화)

c. 계획된 총지출($PAE$)은 다음과 같다.

$$PAE = C + I^p + G + NX$$
$$PAE = 40 + 0.8(Y - 150) + 70 + 120 - 100$$
$$PAE = 10 + 0.8Y$$

단기 균형총생산은 총생산($Y$) $= PAE$에서 달성된다.

$$Y = 10 + 0.8Y$$
$$Y - 0.8Y = 10$$
$$0.2Y = 10$$
$$Y = 50$$

단기 균형총생산은 50으로 최초의 균형보다 500단위 더 낮다. $NX$에서의 100단위 독립적인 감소는 균형총생산을 500단위 감소시키고 이 결과는 이 경제의 승수가 5라는 것과 일치한다.(5 × 독립지출의 변화 = 5 × (−100) = −500 = 균형총생산의 변화)

d. 한 나라의 독립지출의 변화는 $NX$를 통하여 다른 나라의 독립지출의 변화로 이어진다. 독립지출의 감소에 의해 발생한 한 나라의 경기침체는 그 나라와 교역하고 있는 다른 나라의 $NX$의 감소로 이어질 것이다. 예를 들어 경기침체로 소득이 감소하자 한국의 소비자들이 구매를 감소시켰다고 가정하자. 소비지출에는 국내 생산재에 대한 소비자의 구매와 수입재에 대한 구매를 모두 포함한다. (이러한 이유 때문에 $PAE$에 $NX$가 포함되어 있는 것이다. $PAE$가 국내에서 생산된 재화에 대한 구매만을 포함하도록 하려면 $PAE$에 국내재화에 대한 해외구매를 포함시키고 $PAE$에서 수입재를 빼야 한다.) 따라서 한국의 수입이 감소함에 따라 다른 나라로부터 한국으로의 수출이 감소하게 된다. 이는 다른 나라의 독립지출을 감소시켜 단기 균형총생산을 감소시킨다. 따라서 한국의 경기침체는 $NX$의 변화를 통하여 세계의 다른 나라로 확산된다. 경기확장의 경우에도 동일한 논리가 적용된다.

# 경기안정화정책: 중앙은행의 역할

제25장

## 복습문제

01  화폐에 대한 수요는 개인 또는 다른 경제주체가 보유하려는 화폐의 양이다. 경제 전체의 화폐에 대한 수요는 모든 경제주체들이 보유하려고 선택한 화폐의 양을 모두 합한 것이다. 명목이자율이 높으면 화폐를 보유하는 기회비용이 증가하기 때문에 (화폐 이외의 자산은 이자를 벌어들일 수 있다) 명목이자율이 상승할 때 화폐에 대한 수요는 감소한다. 물가수준이 상승하거나 소득이 증가하면 거래금액이 증가하는 경향이 있어 화폐를 보유하는 편익이 커지고 따라서 화폐에 대한 수요가 증가한다.

02  화폐시장의 균형은 <그림 25.3>에 그려져 있다. 균형 명목이자율은 우하향하는 화폐수요곡선과 수직의 화폐공급곡선(중앙은행이 결정)의 교차점에서 결정된다. 중앙은행은 화폐공급을 변화시켜 통화공급곡선을 이동시킴으로써 명목이자율을 변화시킬 수 있다(<그림 25.4> 참조). 화폐공급의 증가는 수직의 화폐공급곡선을 오른쪽으로 이동시켜 명목이자율을 낮추고 화폐공급의 감소는 화폐공급곡선을 왼쪽으로 이동시켜 명목이자율을 상승시킨다.

실질이자율은 명목이자율에서 인플레이션율을 뺀 것이다. 인플레이션율은 비교적 천천히 조정되기 때문에 중앙은행은 단기에서 실질이자율을 조절할 수 있다. 그러나 장기에서는 저축과 투자가 일치하는 점에서 실질이자율이 결정되기 때문에 장기에서 중앙은행은 실질이자율을 조절할 수 없다.(<그림 19.7> 참조)

03   채권의 공개시장매입에서 중앙은행은 새로 화폐를 발행하여 민간으로부터 채권을 매입한다. 이러한 행동은 명목이자율을 하락시키는데, 이는 두 가지 측면에서 살펴볼 수 있다.

a.  첫째, 채권의 매입은 채권에 대한 수요를 증가시켜 채권가격을 상승시킨다. 채권가격은 명목이자율과 역의 관계에 있으므로 채권가격의 상승은 이자율의 하락과 동일하다.

b.  둘째, 화폐공급의 증가는 화폐공급곡선을 오른쪽으로 이동시켜 균형 명목이자율을 하락시킨다. 경제용어로는 화폐보유의 기회비용인 명목이자율이 하락할 때만이 사람들은 더 많은 화폐를 보유하려고 할 것이다.

04   중앙은행의 세 가지 전통적인 정책수단에는 공개시장운영, 재할인정책, 법정지급준비율이 있다. 일반적으로 공개시장매입, 재할인율 인하, 법정지급준비율 인하는 확장적인 통화정책으로서 이자율을 낮추는 데 사용할 수 있는 정책이다. 공개시장매각, 재할인율 인상, 법정지급준비율 인상의 경우에는 이자율을 높이는 정책수단이다. 그러나 일반적으로 재할인정책과 지급준비율 정책은 단기적인 이자율 변화를 위해 사용되기보다는 일부 금융기관에서의 금융위기가 전체 시스템 위기로 전파되지 않도록 하는 "최종대부자 기능(lender of last resort)"을 위해 사용되거나 금융위기 기간에 적극적인 대응책으로 사용되기도 한다. 이외에 글로벌 금융위기 기간 전후에 새로이 도입된 통화정책 수단으로는 유동성 위기에 빠진 금융기관으로부터 직접 자산을 매입하는 양적완화, 미래 통화정책에 대한 강한 약속(안내; forward guidance), 지급준비금에 대한 중앙은행의 이자지급 등이 있다. 자산매입은 유동성 위기에 빠진 금융기관의 금융경색 국면을 완화하기 위해 사용된 방법으로 적극적인 재할인대출의 활성화와 함께 글로벌 금융위기 초기에 광범위하게 사용되었다. 미래 통화정책에 대한 강한 약속은 미래 이자율에 대한 기대를 형성하기 위한 방법으로서 장기 이자율을 낮추는 데 이용되었던 방법 중 하나이다. 또한 금융위기에서 빠져 나오면서 출구전략으로서 지급준비금에 대한 이자지급은 이자율을 높이는 데 사용되었다. 지급준비금에 대하여 중앙은행이 지급하는 이자는 초단기 시중이자율의 하한이 되기 때문에 중앙은행이 지급준비금에 지급하는 이자율을 높이면 시중의 단기 이자율을 높일 수 있는 방법이다.

05 공개시장운영을 통한 확장적 통화정책은 초단기 이자율인 연방기금금리(한국에서는 콜금리에 해당)의 목표수준을 발표함으로써 진행된다. 중앙은행의 이자율 목표가 제로금리에 도달하게 되면 전통적인 공개시장운영은 더 이상 이자율을 낮출 수 없기 때문에 추가적으로 사용될 수 없다.(한계에 부딪힌다.) 글로벌 금융위기 기간에 초단기 이자율이 제로금리에 도달했지만 여전히 장기금리는 높은 수준이었다. 계획된 총지출에 영향을 주는 금리가 장기금리라고 생각한다면 장기금리도 낮추어야 할 필요성이 있었다. 이러한 상황에서 제 2차 양적완화에서 사용되었던 "operation twist", 즉 장기채권을 매입하고 단기채권을 매각하여 장기채권의 가격을 상승시키는 (이는 장기금리 하락을 의미) 정책을 집행하여 장기금리를 낮출 수 있다. 또한 미래 통화정책에 대한 강한 약속, 즉 "고용이 회복되고 경기회복의 신호가 확실한 정도로 분명해질 때까지 제로금리정책을 상당 기간 동안 유지하겠다"는 발표는 미래의 단기이자율도 낮을 것이라는 기대를 심어주어 현재 장기금리를 낮추는 데 일조하였다. 왜냐하면 일반적으로 현재 장기금리는 현재 및 미래의 단기금리의 평균으로 설명되는 부분이 있기 때문이다.

06 • 실질이자율의 상승은 저축에 대한 보상을 증가시킨다. 사람들이 실질이자율의 상승에 반응하여 더 많이 저축하면 필연적으로 덜 소비한다는 것을 의미한다.
   • 실질이자율의 상승은 또한 내구소비재와 주택에 대한 자금조달비용을 증가시켜 그러한 항목들에 대한 지출을 감소시킨다.
   • 실질이자율이 높을 때에는 기업들의 차입비용이 높아지기 때문에 새로운 자본재에 대한 투자를 꺼리게 된다.

   따라서 실질이자율의 상승은 계획된 총지출의 구성부분인 소비지출과 투자지출을 감소시킬 가능성이 높다.

07 중앙은행은 침체 갭에 반응하여 총수요를 자극하기 위하여 확장적인 통화정책을 사용할 가능성이 높다. 첫 번째 단계는 정부채권의 공개시장매입으로 추가적인 화폐를 유통시켜 명목이자율을 낮춘다. 명목이자율의 하락은 인플레이션이 천천히 변화할 때 실질이자율을 하락시킨다. 실질이자율의 하락은 소비지출과 투자지출을 자극하여 계획된 총지출을 증가시킨다. 단기에서는 총생산이 계획된 총지출과 일치하기 때문에 계획된 총지출의 증가는 최종적으로 단기 균형총생산을 증가시킨다.

08 중앙은행이 수축적인 통화정책(예를 들면 정부채권의 공개시장매각)을 실행한다면 연방준비제도가 화폐공급을 감소시켜 명목이자율과 실질이자율을 상승시킬 것이라고 예측할 수 있다. 이자율의 상승은 경제 전체의 독립지출을 감소시키고 균형총생산의 감소로 이어진다. 연방준비제도는 경제가 확장 갭을 경험하고 있을 때 경제를 완전고용수준으로 되돌리기 위해 그러한 정책을 시행할 가능성이 높다.

09 본 장의 예를 보면 중앙은행이 경제에 대하여 잘 알고 있는 것 같지만 경제에 대하여 정확히 알고 있지는 못하다. 예를 들어 어느 시점에서 중앙은행은 총생산 갭의 크기에 대하여 정확히 알고 있지 못하고, 총수요에 대한 이자율 변화 효과의 크기, 정책변화의 효과가 모두 나타나기까지 걸리는 시간에 대하여 잘 알지 못한다. 이런 이유들 때문에 통화정책은 때때로 "과학(science)일 뿐만 아니라 예술(art)"이라고 하며 중앙은행은 행동을 취할 때에 매우 조심하는 경향이 있다.

## 연습문제

01 a. 사람들은 거래적 목적을 위해 더 많은 화폐를 수요하므로 화폐수요곡선은 오른쪽으로 이동한다.

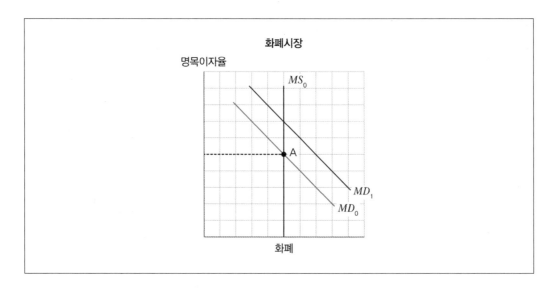

b. 화폐공급에 변화가 없을 때 화폐수요의 증가는 명목이자율을 상승시킨다.

c. 크리스마스 시즌에 중앙은행은 쇼핑에 필요한 화폐수요의 증가에 대응하여 이자율이 상승하지 않도록 충분한 화폐를 공급한다. 그림으로 설명하면, 수직의 화폐공급곡선은, 화폐수요곡선의 오른쪽 이동이 명목이자율에 미치는 효과를 정확히 상쇄할 정도로 오른쪽으로 이동한다. 아래 그림을 참고하라.

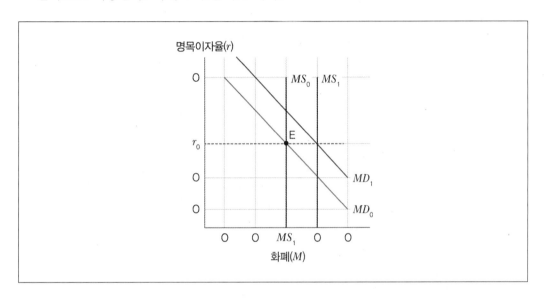

02 a. 다음 표는 화폐보유의 각 수준에서 총편익과 추가적인 편익을 나타내고 있다.

| 평균화폐보유량($) | 총편익($) | 추가적 편익($) |
| --- | --- | --- |
| 500 | 35 | – |
| 600 | 47 | 12 |
| 700 | 57 | 10 |
| 800 | 65 | 8 |
| 900 | 71 | 6 |
| 1,000 | 75 | 4 |
| 1,100 | 77 | 2 |
| 1,200 | 77 | 0 |

마이클은 화폐보유를 증가시킬 경우에 발생하는 추가적인 편익과 화폐보유의 기회비용을 비교하여 편익이 비용을 초과할 때에만 화폐보유를 증가시켜야 한다.

추가적인 $100의 화폐를 보유하는 비용은 다른 형태의 금융자산을 보유할 경우 벌어들일 수 있는 이자이다. 따라서 명목이자율이 9%라면 추가적인 $100 화폐보유의 비용은 $100의 9%, 즉 일 년에 $9이다. 화폐보유를 $600에서 $700로 변화시켰을 때 얻는 추가적인 편익은 $9를 초과하지만, 화폐보유를 $700에서 $800로 변화시켰을 때 얻는 편익은 비용보다 적다. 따라서 이자율이 9%라면 마이클은 $700를 보유해야 한다. 마찬가지로 이자율이 5%라면 추가적인 $100 화폐보유의 비용은 $5이므로 마이클은 $900의 화폐를 보유하여야 한다. 또한 이자율이 3%일 때에는 $1,000까지 추가적인 편익이 비용을 초과한다.

b. 문항 a의 논리를 따라 여러 이자율 수준에서 마이클의 화폐수요를 표로 만들면 다음과 같다:

| 명목이자율 | 화폐수요량 |
| --- | --- |
| 1% | $1,100 |
| 2% | $1,100 |
| 3% | $1,000 |
| 4% | $1,000 |
| 5% | $900 |
| 6% | $900 |
| 7% | $800 |
| 8% | $800 |
| 9% | $700 |
| 10% | $700 |
| 11% | $600 |
| 12% | $600 |

가로축을 화폐수요량, 세로축을 명목이자율로 표시한 그래프에서 화폐수요량을 명목이자율의 함수로 그리면 우하향하는 화폐수요곡선이 도출된다. 이자율이 낮아질수록 화폐수요량은 증가한다.

03　a. 중개수수료의 인하는 채권, 주식 등 화폐 이외의 자산들을 화폐로 전환하는 비용을 감소시킨다. 사람들은 거래를 하기 위해 화폐가 필요하여 화폐를 얻기 위해 다른 자산을 매각하는 거래비용이 이전보다 감소했다는 것을 알고 화폐를 덜 보유하려는 경향이 있을 것이다. 따라서 경제 전체의 화폐수요는 감소한다.

b. 이제 사람들은 상점에서 화폐(현금, 가계수표) 대신에 신용카드를 이용할 수 있다. 요구불예금은 매월 말에 신용카드 사용액을 결제하기 위해 여전히 필요하다. 그러나 전체적인 효과는 한 달 동안에 사람들이 평균적으로 보유할 필요가 있는 화폐의 양을 감소시킬 가능성이 높다. 따라서 화폐수요는 상점이 신용카드를 받기 전에 비하여 감소한다.

c. 주식이 더 위험하게 되었다면 사람들은 상대적으로 더 안전한 자산들을 수요할 것이고 그 중에 화폐가 있다. 따라서 화폐수요는 증가한다.

04　$P = 3.0$, $Y = 10,000$이라면 화폐수요는 $3.0(0.2 \times 10,000 - 25,000i) = 6,000 - 75,000i$로 주어진다. 균형이자율 $i$는 화폐수요와 중앙은행이 공급하는 화폐공급을 일치시키는 수준에서 결정된다.

$$6,000 - 75,000i = M.$$

a. 중앙은행이 이자율을 4%에 설정하기를 원한다면 이 이자율이 균형이 되기 위해 필요한 화폐공급은 다음 식을 풀면 된다.

$$6,000 - 75,000(0.04) = M$$
$$M = 3,000$$

b. 이자율이 6%일 때에는 $i = 0.06$으로 놓고 동일한 방법을 적용하면 된다.

$$6,000 - 75,000(0.06) = M$$
$$M = 1,500$$

이자율이 높게 설정될수록 중앙은행은 화폐공급을 감소시켜야 한다.

05  a. 중앙은행이 재할인율을 낮추고 재할인 대출을 증가시킨다면 상업은행들은 더 많은 지급준비금을 갖게 되어 추가로 대출이 가능하다. 이것은 경제에 화폐공급을 증가시키고 차입비용인 명목이자율을 낮추게 된다.

b. 중앙은행이 법정지급준비율을 높이면 예금의 더 많은 부분을 지급준비금으로 보유해야 하기 때문에 추가로 대출할 수 있는 지급준비금을 줄이게 되고 대출을 줄이게 된다. 이것은 경제의 화폐공급을 감소시키고 차입비용인 명목이자율을 높이게 된다.

c. 중앙은행이 정부채권을 공개시장매각하면 민간으로부터 채권의 매각대금을 받게 되므로 경제 내에 화폐공급을 감소시키게 되며 명목이자율을 높이게 된다.

d. 중앙은행이 법정지급준비율을 낮추면 예금의 더 적은 부분을 지급준비금으로 보유하기 때문에 추가로 대출할 수 있는 지급준비금이 증가하여 대출을 늘리게 된다. 이것은 경제의 화폐공급을 증가시키고 차입비용인 명목이자율을 낮추게 된다.

06  다른 조건이 동일하다면 이러한 중앙은행의 정책행동은 상업은행들이 예금의 더 적은 부분을 지급준비금으로 보유해도 되기 때문에 초과지급준비금이 증가하게 된다. 초과지급준비금의 증가로 상업은행들은 대출을 증가시킬 유인을 갖게 된다. 더 많은 차입자들을 유인하기 위해서 상업은행은 자금을 차입하는 비용인 이자율을 하락시킨다. 따라서 이자율이 하락한다.

07  중국 중앙은행이 법정지급준비율을 18.5%에서 18%로 낮추기로 한 정책행동은 통화승수를 1 / 0.185, 즉 5.4054에서 1 / 0.18, 즉 5.5556으로 0.15만큼 증가시킨다. (민간의 현금보유가 변화하지 않는다는 가정하에서) 은행 지급준비금이 4조 3,290억 위안으로 변화가 없을 때 은행의 예금은 23조 4,000억 위안(4조 3,290억 위안 × 1 / 0.185)에서 지급준비율의 변화 이후 24조 500억 위안(4조 3,290억 위안 × 1 / 0.18)으로 변화된다.
    은행 지급준비금이 4조 3,290억 위안으로 변화가 없을 때 은행의 예금은 6,500억 위안 (24조 500억 − 23조 4,000억) 증가한다.

**08**  재할인대출은 중앙은행이 가지고 있는 전통적인 통화정책 수단 중 하나이지만 미래 통화정책에 대한 약속 (또는 안내, forward guidance), 양적완화, 지급준비금에 대한 이자지급은 연방기금금리가 제로금리에 도달했거나 근접했을 때 중앙은행이 사용할 수 있는 수단이다.

**09**  상업은행은 지급준비금을 가지고 있으면서 중앙은행으로부터 이자를 받거나 또는 고객들에게 대출하여 수익을 낼 수 있다. 다시 말하면, 은행이 차입자들에게 대출해줄 때 은행이 중앙은행으로부터 지급준비금에 대하여 받는 이자는 은행의 기회비용이 된다. 따라서 중앙은행이 지급준비금에 높은 이자율을 지급하면 은행들이 고객들에게 대출해주는 이자율도 높이게 된다. 중앙은행이 직접 가계나 기업에게 대출을 하지 않지만 지급준비금을 중앙은행에 예치하여 대출이 감소되게 되는 것이다.

**10**  a. 계획된 총지출($PAE$)은 다음과 같이 주어진다.

$$PAE = C + I^p + G + NX$$
$$PAE = [2,600 + 0.8(Y - 3,000) - 10,000r] + (2,000 - 10,000r) + 1,800 + 0$$
$$PAE = 4,000 - 20,000r + 0.8Y$$

$r = 0.10$이라면

$$PAE = 2,000 + 0.8Y$$

수식으로 풀면 단기 균형총생산은 $Y = PAE$에서 달성되므로

$$Y = 2,000 + 0.8Y$$
$$Y - 0.8Y = 2,000$$
$$0.2Y = 2,000$$
$$Y = 10,000$$

단기 균형총생산 수준은 10,000이다.

b. $Y$에 여러 가지 값을 방정식, $PAE = 2,000 + 0.8Y$에 대입하여 $PAE$ 값을 계산하여 비교해보자.

| 총생산($Y$) | 계획된 총지출($PAE$) | $Y - PAE$ |
|---|---|---|
| 9,500 | 9,600 | − 100 |
| 9,600 | 9,680 | − 80 |
| 9,700 | 9,760 | − 60 |
| 9,800 | 9,840 | − 40 |
| 9,900 | 9,920 | − 20 |
| 10,000 | 10,000 | 0 |
| 10,100 | 10,080 | 20 |
| 10,200 | 10,160 | 40 |

표로부터 $Y = PAE$가 성립하는 유일한 총생산 수준인 10,000이 단기 균형총생산 수준임을 알 수 있다.

c. 아래 그림은 이 균형을 그래프로 보여주고 있다.(이 그림에서 원점은 0이 아닌 9,500에서 시작한다.)

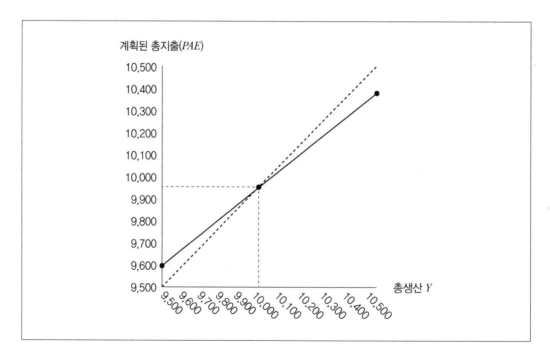

**11** a. $Y = 10,000 < Y^* = 12,000$이므로 경제는 현재 침체 갭을 가지고 있다. 중앙은행이 경제를 완전고용수준, $Y^*$로 균형을 되돌리기 위해 설정해야 하는 실질이자율을 알아보기 위하여 균형에서는 $Y = PAE$임을 기억하라. 첫째, $Y^* = 12,000$을 이 균형조건의 $Y$에 대입하면 $Y^* = PAE$, 즉 $12,000 = PAE$를 얻는다. 둘째, 10번 문제로부터 $PAE$는 다음과 같이 주어졌다.

$$PAE = 4,000 - 20,000r + 0.8Y$$

따라서 $Y = Y^* = 12,000$일 때,

$$12,000 = 4,000 - 20,000r + 0.8(12,000)$$
$$12,000 = 13,600 - 20,000r$$
$$r = \frac{1,600}{20,000} = 0.08.$$

따라서 중앙은행은 경제를 완전고용수준으로 균형을 되돌리기 위해 실질이자율을 10%에서 8%로 낮추어야 한다.

b. 이 경우에 경제를 완전고용수준의 균형으로 되돌리기 위하여 총생산은 1,000 감소하여야 한다.(경제는 현재 확장 갭을 가지고 있다.) 승수가 5이므로 $PAE$가 200 감소해야 함을 의미한다. 독립지출을 감소시키기 위하여 중앙은행은 이자율을 1%만큼, 즉 10%에서 11%로 상승시켜야 한다. $r = 0.11$일 때 $PAE = Y = C + I^p + G + NX = Y^* = 9,000$임을 확인할 수 있다.

$Y = Y^* = 9.000$일 때

$$9,000 = 4,000 - 20,000r + 0.8(9,000)$$
$$9,000 = 11,200 - 20,000r$$

$$r = \frac{2,200}{20,000} = 0.11\,(11\%).$$

c. 실질이자율 $r$이 $0.08(8\%)$이고 $Y = Y^* = 12,000$일 때

$$C = 2,600 + 0.8(12,000 - 3,000) - 10,000(0.08) = 9,000$$
$$I^p = 2,000 - 10,000(0.08) = 1,200$$
$$S = Y^* - C - G = 12,000 - 9,000 - 1,800 = 1,200$$

경제가 잠재총생산 수준에서 균형을 이루고 있을 때 국민저축은 계획된 투자와 같으며 저축시장의 균형과 일치한다.

**12** a. 계획된 총지출($PAE$)은 다음과 같다.

$PAE = C + I^p + G + NX$

$PAE = [14,400 + 0.5(Y - 8,000) - 40,000r] + (8,000 - 20,000r) + 7,800 + 1,800$

$PAE = 28,000 - 60,000r + 0.5Y$

b. 중앙은행이 경제를 완전고용수준, $Y^*$로 균형을 되돌리기 위해 설정해야 하는 실질이자율을 구하기 위하여 먼저 $Y = PAE$임을 기억하라. $Y^* = 40,000$을 이 균형조건의 $Y$에 대입하면 $Y^* = PAE$, 즉 $40,000 = PAE$를 얻는다. 따라서

$$40,000 = 28,000 - 60,000r + 0.5(40,000)$$
$$40,000 = 48,000 - 60,000r$$
$$-8,000 = -60,000r$$
$$r = \frac{8,000}{60,000} = 0.1333\,(13.33\%).$$

따라서 중앙은행은 경제를 완전고용수준으로 균형을 되돌리기 위해 실질이자율을 13.3%로 설정할 필요가 있다.

**13** 실제로 중앙은행이 잠재총생산 수준과 정책의 효과가 나타나는 속도와 크기에 대하여 가지고 있는 정보는 제한적이고 불완전하며 잠재총생산은 단지 근사적으로 추정될 수 있을 뿐이다.

현실에서 통화정책은 과학이면서 예술이다. 경제에 대한 상세한 통계적 모형의 개발과 같은 과학적 분석은 통화정책을 결정하는 데 유용하다는 것이 밝혀졌다. 그러나 오랜 기간 동안의 경험에 기초한 인간의 판단(통화정책의 예술적 측면)은 통화정책이 광범위하게 사용되고 있는 현대 경제에서 매우 중요한 역할을 계속 담당할 것 같다.

# 제26장

# 총수요, 총공급, 인플레이션

★ 표시된 문제는 다소 어려운 문제임.

## 복습문제

**01** *AD* 곡선은 경제의 인플레이션율과 총생산량 사이의 관계를 보여준다. 다시 말하면 다른 모든 조건이 일정한 상태에서 인플레이션율이 상승할 때 계획된 총지출과 수요되는 총생산량이 감소되는 것을 보여준다. 인플레이션율이 상승하면 중앙은행은 통화정책 준칙에 따라 실질이자율을 높이게 되고 이에 따라 소비, 투자, 순수출 등의 계획된 총지출이 감소하여 단기 균형총생산이 감소한다. 따라서 인플레이션이 상승하면 *AD* 곡선을 따라서 총생산이 감소하여 우하향하는 곡선이 된다(인플레이션을 세로축으로 총생산을 가로축으로 했을 때).

본 장에서는 총수요곡선이 우하향하는 또 다른 이유로 네 가지를 언급하였다: (1) 부(wealth)와 소비에 대한 인플레이션 효과, (2) 소득과 부의 재분배에 대한 인플레이션 효과와 이로 인한 소비에 대한 인플레이션 효과, (3) 투자지출에 대한 인플레이션 효과, (4) (주어진 환율에서) 순수출에 대한 인플레이션 효과.

**02** a. 주어진 인플레이션, 실질이자율 수준에서 정부구매의 증가는 총수요를 증가시켜 단기 균형총생산을 증가시킨다. 따라서 정부구매의 증가는 *AD* 곡선을 오른쪽으로 이동시킨다.

b. 조세감면은 처분가능소득을 증가시켜 소비자들의 소비증가로 이어진다. 따라서 각 인플레이션 수준에 대하여 총수요를 증가시켜 *AD* 곡선을 오른쪽으로 이동시킨다.

c. 기업의 독립투자 지출의 감소는 각 인플레이션 수준에서 총수요를 감소시켜 *AD* 곡선을 왼쪽으로 이동시킨다.

d. 각 인플레이션 수준에서 실질이자율의 하락은 소비와 투자지출을 증가시켜 총수요와 총생산을 증가시킨다. 따라서 중앙은행의 완화적 통화정책은 $AD$곡선을 오른쪽으로 이동시킨다.

**03** 경매시장에서는 재화 가격이 연속적으로 결정되어 수요나 공급의 변화에 빠르게 조정된다. 그러나 대부분의 가격들은 경매시장에서 결정되는 것이 아니라 주기적으로만 결정될 뿐이다. 가격이나 임금을 결정할 때 미래의 인플레이션에 대한 개인의 예상이 중요하다: 예상 인플레이션이 높을수록 원하는 구매력 수준을 유지하기 위하여 미래의 임금이나 가격은 더 높게 결정되어야 한다. 그러나 인플레이션 기대는 최근의 인플레이션 경험에 일부 의존한다. 따라서 높은 인플레이션은 높은 기대 인플레이션으로 이어지고 이것은 다시 실제로 높은 인플레이션으로 이어지는 악순환이 나타난다.(인플레이션이 낮은 상황에서는 그 이후에도 실제로 인플레이션이 낮게 유지되는 선순환이 나타난다) 가격이나 임금을 일정 기간 동안 확정하는 장기계약의 존재와 함께 인플레이션에 대한 기대는 "인플레이션 관성" 또는 "경직성"을 발생시키는 요인이 된다.

**04** 확장 갭은 인플레이션을 높이는 경향이 있으며 침체 갭은 인플레이션을 감소시키는 경향이 있다. 예를 들어 확장 갭이 존재한다면 기업들은 정상 생산능력을 초과하는 양을 생산하고 있는 것이다. 결국 기업들은 제품의 상대가격(즉, 자기 제품의 가격을 인플레이션율보다 더 빨리 인상하여)을 높이는 방향으로 대응할 것이다. 모든 기업들이 이렇게 반응하면 인플레이션은 더 높아진다. 마찬가지로 침체 갭은 기업들이 정상 생산능력보다 적게 생산하는 것을 의미한다. 자신의 제품에 대한 수요를 증가시키기 위해서는 자기 제품의 상대가격을 낮추게 되고 이것은 전반적인 인플레이션의 하락으로 나타난다.

그림으로 설명하면 총생산 갭과 인플레이션 사이의 관계는 단기 총공급($SRAS$)곡선으로 표현된다. 현재 $SRAS$곡선과 $AD$곡선(단기 균형총생산을 결정)의 교차점에서 확장 갭이 존재하면 인플레이션은 상승하고 $SRAS$곡선은 위로 이동한다. 단기 균형에서 침체 갭이 존재하면 인플레이션은 하락하고 $SRAS$곡선은 아래로 이동한다. 경제가 $AD$곡선과 장기 총공급($LRAS$)곡선의 교차점인 장기균형에 도달할 때까지 인플레이션과 $SRAS$곡선의 조정 과정은 계속된다.

**05** 단기균형은 *AD*곡선과 *SRAS*곡선의 교차점에서 달성된다. 단기 균형총생산이 잠재총생산(즉, 균형이 *LRAS*곡선에 있을 때)보다 높다면 확장 갭이 존재한다. 확장 갭은 시간이 지남에 따라 인플레이션율을 높이며 현재 인플레이션율을 의미하는 *SRAS*곡선은 상방 이동하게 된다. *SRAS*곡선은 교과서의 <그림 26.7>의 *B*점에서 *LRAS*곡선과 *AD*곡선과 교차할 때까지 계속 상방으로 이동한다. 장기균형점이라고 부르는 *B*점에서는 총생산이 잠재총생산과 같고 인플레이션율은 안정화된다.

**06** 답은 "불확실"이다. 안정화정책이 유용한가에 대한 답변은 경제의 자기조정과정의 속도에 달려있다. 경제가 천천히 조정될수록 안정화정책은 유용하고 필요할 것이다. 따라서 경제에서 장기계약이 일반적이거나 또는 조정이 빨리 이루어지지 못하게 하는 장애물을 가지고 있다면, 또는 경제가 완전고용으로부터 멀리 떨어져 있다면 안정화정책은 더 유용할 것이다. 경제의 자기조정과정이 천천히 일어난다면 이 주장은 거짓이며 경제의 자기조정과정이 빠르게 일어난다면 이 주장은 참이다.

**07** 1960년대 확장적인 재정정책(베트남 전쟁을 위한 군비지출, 빈곤과 인종차별 제거를 위한 미국의 정책(the Great Society))은 총수요를 증가시켰다. 총수요의 증가는 수축적인 통화정책에 의해 상쇄되지 않았기 때문에 인플레이션이 발생하였다. 1970년대 인플레이션 충격(에너지와 농산물 가격 상승)은 인플레이션 상승의 주요 원인이었다.

**08** 부의 인플레이션 충격(*SRAS*곡선을 위로 이동시키는)은 인플레이션을 높이고 침체 갭(실업률 상승)을 발생시킨다. 정책결정자는 통화정책이나 재정정책을 통하여 *AD*곡선을 이동시킬 수 있을 뿐이다. 총수요를 증가시킨다면 *AD*곡선을 오른쪽으로 이동시켜 침체 갭의 충격을 상쇄할 수 있지만 인플레이션율이 영구적으로 높아지는 것을 받아들여야 한다. 정책당국이 아무 정책 대응을 하지 않고 경제의 자기조정과정을 기다린다면 인플레이션의 상승은 결국 없어질 것이지만 잠재적으로 장기 침체와 높은 실업률의 비용을 감수해야 할 것이다. 따라서 인플레이션 충격은 정책당국에게 어려운 딜레마를 준다.

**09** 경제는 완전고용 상태에 있지만 인플레이션율이 중앙은행의 목표 인플레이션율보다 높다고 가정하자. 인플레이션을 낮추기 위해 중앙은행은 수축적 통화정책을 수행하여 $AD$곡선을 왼쪽으로 이동시킨다. 단기에서 ($SRAS$곡선의 이동이 일어나지 않음) 인플레이션은 변화가 없고 총생산은 낮아지며 (경기침체) 실질이자율은 높아진다(수축적 통화정책은 주어진 인플레이션율에서 중앙은행이 실질이자율을 이전보다 높여서 대응한다는 것을 의미한다). 침체 갭이 존재하기 때문에 시간이 지남에 따라 인플레이션이 하락할 것이다; 그림으로 설명하면 $AD$곡선, $LRAS$곡선, $SRAS$곡선이 동시에 교차하는 점에서 장기균형이 회복될 때까지 $SRAS$곡선은 하향 이동한다. 장기에서 인플레이션은 낮아지고 총생산은 완전고용 수준으로 회귀한다. 인플레이션이 하락하면서 실질이자율은 하락한다; 실질이자율은 장기에서 원래의 완전고용 수준 이자율, 즉 저축 및 투자시장에서의 균형과 일치되는 수준으로 회귀한다.

**10** 높은 인플레이션율은 경제에 장기 경제성장의 측면에서 큰 비용을 발생시킨다. 낮고 안정적인 인플레이션은 사업의 불확실성을 감소시켜 투자를 촉진하여 생산성 향상과 잠재총생산 성장률을 높인다(높은 생활수준). 실증적으로 높은 인플레이션율은 경제성장을 낮춘다고 알려졌기 때문에, 낮은 인플레이션을 유지하려는 정책이 때때로 실업률 상승과 총생산 감소라는 단기 비용을 발생시키더라도 정책결정자들은 인플레이션을 낮게 유지하려고 노력한다.

**연습문제**

01 단기 균형총생산과 중앙은행이 설정하는 실질이자율 사이의 관계는 $Y = 1,000 - 1,000r$로 주어져 있다. $r$이 주어지면 단기 균형총생산을 구할 수 있다. 표에 주어진 중앙은행의 통화정책 반응함수를 이용하여 각 인플레이션율 수준에서 단기 균형총생산을 계산할 수 있다. 예를 들어 인플레이션율이 0일 때 실질이자율은 0.02(2%)로 설정되고 $Y = 1,000 - 1,000r$ 식을 이용하면 $Y = 980 \, [= 1,000 - (1,000 \times 0.02) = 1,000 - 20]$으로 계산된다.

| 인플레이션율(%) | 실질이자율, $r$ | 단기 균형총생산, $Y$ |
|---|---|---|
| 0 | 0.02 | 980 |
| 1 | 0.03 | 970 |
| 2 | 0.04 | 960 |
| 3 | 0.05 | 950 |
| 4 | 0.06 | 940 |

총수요($AD$)곡선은 단기 균형총생산($Y$)과 인플레이션율 사이의 관계를 보여준다.

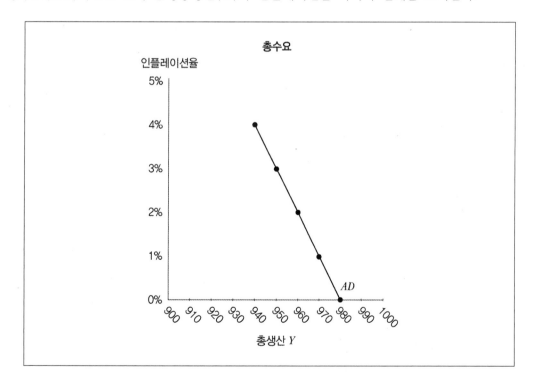

**02** 단기 균형총생산과 실질이자율 사이의 관계는 $Y = 1,000 - 1,000r$ 로 주어져 있다. 총생산이 잠재총생산 수준일 때 $r$에 대하여 풀면

$$960 = 1,000 - 1,000r$$
$$1,000r = 1,000 - 960$$
$$r = 40 / 1,000$$
$$r = 0.04.$$

따라서 중앙은행이 설정하는 실질이자율 $r$이 0.0.4(4%)일 때 잠재총생산이 달성된다. 중앙은행 반응함수를 표시한 표를 보면 이것은 2%의 인플레이션율에 대응한다.

다른 방법으로는 표에 주어진 모든 인플레이션율 중에서 총생산 수준이 960인 인플레이션율을 찾으면 된다.

| 인플레이션율, $\pi$ | 실질이자율, $r$ | 총생산($Y$) |
|---|---|---|
| 0.00(= 0%) | 0.02(= 2%) | 980 |
| 0.01 | 0.03 | 970 |
| 0.02 | 0.04 | 960 |
| 0.03 | 0.05 | 950 |
| 0.04 | 0.06 | 940 |

**03** a. 단기에서 균형 인플레이션율과 총생산 수준은 $SRAS$ 곡선과 $AD$ 곡선의 교차점에서 달성된다. 수리적으로 단기 균형총생산은 현재 인플레이션율을 $AD$ 식에 대입하여 구할 수 있다. 단기 균형총생산과 인플레이션율($\pi$) 사이의 관계를 표시한 $Y = 13,000 - 20,000\pi$ 식을 가지고 인플레이션율이 0.04(4%)일 때 단기 균형총생산을 계산할 수 있다.

$$Y = 13,000 - 20,000 \times (0.04)$$
$$Y = 13,000 - 800$$
$$Y = 12,200.$$

b. 장기에서 균형 인플레이션율과 총생산 수준은 *LRAS*곡선과 *AD*곡선의 교차점에서 달성된다. 수리적으로 장기 균형 인플레이션율은 잠재총생산을 *AD*식에 대입하여 구할 수 있다. 장기 균형총생산과 인플레이션율($\pi$) 사이의 관계를 표시한 $Y = 13,000 - 20,000\pi$ 식을 가지고 총생산이 잠재총생산 수준인 12,000일 때 인플레이션율에 대하여 풀면

$$12,000 = 13,000 - 20,000\pi$$
$$20,000\pi = 13,000 - 12,000$$
$$\pi = 1,000 \,/\, 20,000$$
$$\pi = 0.05,\ \text{또는}\ 5\%.$$

즉, 인플레이션율이 5%일 때 잠재총생산이 달성된다.

**04** a. 단기에서 균형 인플레이션율은 현재 인플레이션율이다. 단기 균형총생산과 인플레이션율($\pi$) 사이의 관계를 표시한 $Y = 1,000 - 1,000\pi$ 식을 가지고 인플레이션율이 0.10(10%)일 때 단기 균형총생산을 계산할 수 있다.

$$Y = 1,000 - 1,000\pi$$
$$Y = 1,000 - 1,000 \times (0.01)$$
$$Y = 1,000 - 100$$
$$Y = 900$$

따라서 $Y < Y^*$이므로 경제는 침체 갭을 가지고 있다.

장기에서 균형 총생산은 잠재총생산 수준이다. 장기 균형총생산과 인플레이션율($\pi$) 사이의 관계를 표시한 $Y = 1,000 - 1,000\pi$ 식을 가지고 총생산이 잠재총생산 수준인 950일 때 인플레이션율에 대하여 풀면

$$950 = 1,000 - 1,000\pi$$
$$1,000\pi = 1,000 - 950$$
$$\pi = 500 \,/\, 10,000$$
$$\pi = 0.05$$

즉, 인플레이션율이 5%일 때 잠재총생산이 달성된다.

b. 아래 표의 최초의 분기에서 잠재총생산과 실제 총생산의 차이($Y - Y^*$)는 50( = 950 − 900)이다. $\pi_{t+1} = \pi_t - 0.0004(Y^* - Y)$ 식을 이용하면 이번 분기 인플레이션율이 0.10일 때 다음 분기의 인플레이션율은 0.08 [ = 0.1 − 0.0004 × (50)]이 될 것이다.

| 분기 | 인플레이션율 | $Y$ | $Y^*$ | $Y^* - Y$ |
|------|------------|-------|-------|-----------|
| 0 | 0.100 | 900.0 | 950 | 50.0 |
| 1 | 0.080 | 920.0 | 950 | 30.0 |
| 2 | 0.068 | 932.0 | 950 | 18.0 |
| 3 | 0.061 | 939.2 | 950 | 10.8 |
| 4 | 0.057 | 943.5 | 950 | 6.5 |
| 5 | 0.054 | 946.1 | 950 | 3.9 |

다음 분기 실제 총생산은 $Y = 1,000 - 1,000\pi$ 식에 $\pi = 0.08$을 대입하여 찾아낼 수 있다. 따라서 $Y = 920[ = 1,000 - 1,000 \times (0.08)]$.

$\pi_{t+1} = \pi_t - 0.0004(Y^* - Y_t)$ 식을 이용하면 1분기 인플레이션율이 0.08일 때 2분기의 인플레이션율은 $0.068[ = 0.08 - 0.0004 \times (30)]$이 될 것이다. 2분기의 실제 총생산은 $\pi = 0.068$을 $Y = 1,000 - 1,000\pi$에 대입하여 $Y = 932[ = 1,000 - (1,000 \times 0.068)]$를 얻는다. 동일한 방법으로 각 분기 계속 계산해보면 위의 표와 같다. 위의 표를 보면 인플레이션율이 점점 장기 수준인 0.05(5%)(문항 b에서 계산됨)에 가까워지고 있음을 알 수 있다. 표의 맨 끝분기인 5분기에는 0.054로 장기수준에 매우 근접해 있다.

동시에 $Y^*$와 $Y$ 사이의 차이는 최초의 50에서 3.9로 감소하고 있다. 경제는 점차 잠재총생산 수준인 950에 가까이 가고 있는 것이다.

**05**   a. 독립소비의 증가는 $AD$곡선을 오른쪽으로 이동시킨다. 단기에서 확장 갭이 발생하여 인플레이션율이 높아지고 총생산은 잠재총생산 수준보다 높아진다. 경제는 이제 잠재총생산보다 높은 상황이므로 기대 인플레이션율이 상승하고 $SRAS$곡선을 상방 이동시킨다. 총생산은 잠재총생산 수준으로 회귀할 것이고 인플레이션율은 이전보다 더 높아질 것이다.

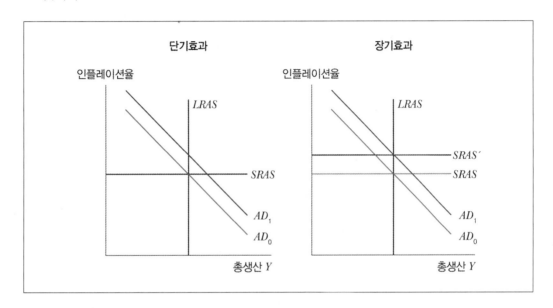

   b. 조세감면은 소비지출을 증가시켜 $AD$곡선을 오른쪽으로 이동시킨다. 단기에서 확장 갭이 발생하여 인플레이션율이 높아지고 총생산은 잠재총생산 수준보다 높아진다. 경제는 이제 잠재총생산보다 높은 상황이므로 기대 인플레이션율이 상승하고 $SRAS$곡선을 상방 이동시킨다. 총생산은 잠재총생산 수준으로 회귀할 것이고 인플레이션율은 이전보다 더 높아질 것이다. (그림으로 나타낸 $AD-AS$모형은 문항 a와 동일하다.)

   c. 완화적인 통화정책은 $AD$곡선을 오른쪽으로 이동시킨다. 단기에서 확장 갭이 발생하여 인플레이션율이 높아지고 총생산은 잠재총생산 수준보다 높아진다. 경제는 이제 잠재총생산보다 높은 상황이므로 기대 인플레이션율이 상승하고 $SRAS$곡선을 상방 이동시킨다. 총생산은 잠재총생산 수준으로 회귀할 것이고 인플레이션율은 이전보다 더 높아질 것이다. (그림으로 나타낸 $AD-AS$모형은 문항 a와 동일하다.)

d. 유가의 급격한 하락은 *SRAS*곡선을 하방 이동시키는 양의 인플레이션 충격이다. 단기에서 총생산은 잠재총생산 수준보다 높아지는 확장 갭이 발생하지만 인플레이션율은 낮아진다. 유가하락이 영구적이라고 판단되면 경제의 잠재총생산은 증가하게 된다. 이것은 장기 총공급곡선 *LRAS*의 우측이동으로 나타난다. 따라서 경제의 총생산은 새로운 잠재총생산에 있게 되고 인플레이션율은 이전보다 더 낮아질 것이다.

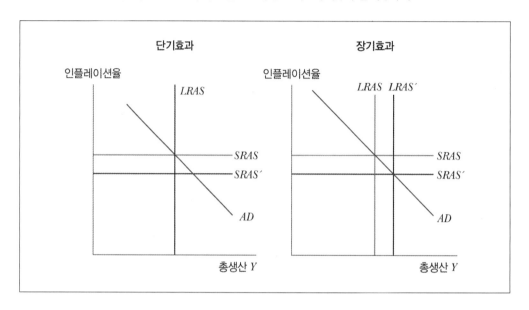

e. 정부구매의 증가는 *AD*곡선을 오른쪽으로 이동시킨다. 단기에서 확장 갭이 발생하여 인플레이션율이 높아지고 총생산은 잠재총생산 수준보다 높아진다. 경제는 이제 잠재총생산보다 높은 상황이므로 기대 인플레이션율이 상승하고 *SRAS*곡선을 상방 이동시킨다. 총생산은 잠재총생산 수준으로 회귀할 것이고 인플레이션율은 이전보다 더 높아질 것이다. (그림으로 나타낸 *AD*−*AS*모형은 문항 a와 동일하다.)

**06** 최초에 경제는 총생산이 잠재총생산보다 낮은 $Y_1(A점)$에서 균형을 달성하고 있어 침체갭이 존재한다. 정부가 어떤 정책행동을 취하지 않는다면 인플레이션은 하락하고 총생산은 $Y_1$에서 $Y^*$로 증가하게 될 것이다. 단기 총공급곡선 $SRAS$이 아래로 이동하여 결국에는 $AD$곡선, $LRAS$곡선과 잠재총생산 수준인 $Y^*$에 이르게 됨이 아래 왼쪽 그림에서 표시되어 있다.

입법과정의 지체 때문에 정부의 정책집행이 늦어진다면 이러한 경제의 자기조정과정이 발생할 수 있을 것이다. 조세감면이 시행되어 효과가 발생하는 18개월 후 경제는 이미 완전고용 상태에 도달해 있을 수 있음을 의미한다. 조세감면은 $AD$곡선을 오른쪽으로 이동시키고 경제가 완전고용을 "넘어서(overshoot)" 확장 갭을 발생시킨다($B점$). 이러한 과정은 아래 오른쪽 그림에 표시되어 있다. 경제가 장기균형으로 회복되기 위해서는 $SRAS$에 추가적인 조정과정이 필요함을 의미한다.

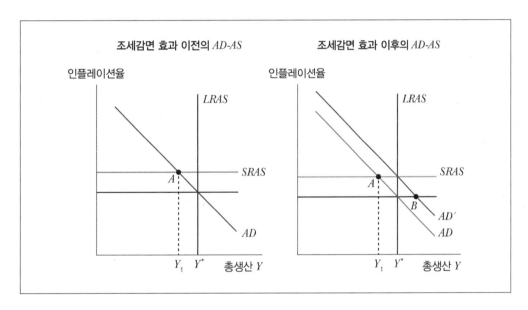

**07** 최초에 경제는 장기균형인 $A$점에 있는데 부의 인플레이션 충격이 발생하여 $SRAS$곡선이 상방 이동, 인플레이션율의 상승과 GDP 감소가 나타난다. 인플레이션 충격이 영구적이므로 잠재GDP 또한 감소하고 $LRAS$곡선은 좌측 이동하여 새로운 장기균형은 높은 인플레이션율과 낮은 GDP 수준에서 달성된다. 정부가 정책대응을 하지 않는 한 $AD$곡선은 변화되지 않는다.

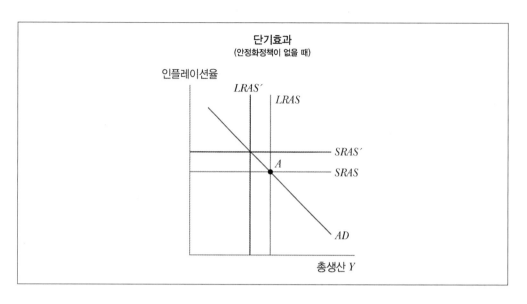

**단기효과**
(안정화정책이 없을 때)

최초에 경제는 장기균형인 *A*점에 있었는데 영구적인 부의 인플레이션 충격이 발생하여 *SRAS*곡선을 상방 이동시키고 *LRAS*곡선을 왼쪽으로 이동시켰다고 하자. 중앙은행이 수축적 통화정책으로 대응한다면 *AD*곡선이 왼쪽으로 이동하여 새로운 잠재총생산 대비 침체 갭을 발생시키며 인플레이션은 높아진다.(*B*점) 침체 갭에 반응, *SRAS*곡선이 하방 이동하여 결국에는 새로운 잠재총생산 수준의 완전고용상태로 회귀하며 원래의 인플레이션율로 돌아간다.(*C*점) 이와 같은 장기 균형에 도달하기 위해서는 중앙은행은 인플레이션율의 상승과 함께 침체 갭을 발생시키는 정책을 선택해야 한다. 1970년대 유가충격 상황에서 유가와 인플레이션율이 급격하게 상승했을 때 중앙은행이 선택해야 했던 어려운 문제였다.

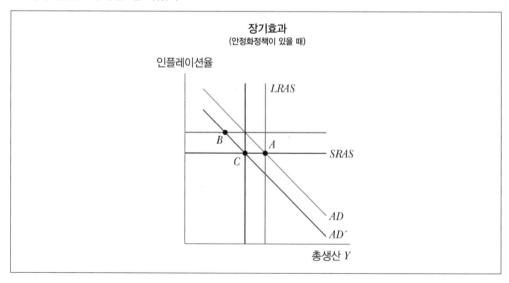

**장기효과**
(안정화정책이 있을 때)

**08**
  a. 중앙은행이 정책반응함수를 하방 이동시켜 완화적 통화정책을 시행한다면 각 인플레이션율에서 설정하는 실질이자율을 낮추는 것을 의미한다. 따라서 주어진 인플레이션율에서 독립지출의 증가(중앙은행이 이자율을 낮춤으로써)가 발생하고 $AD$곡선을 우측으로 이동시킨다. $AD$곡선의 우측 이동은 침체 갭을 제거하게 된다. 이러한 정책의 편익은 실업률을 더 빨리 하락시키고 총생산을 증가시킬 수 있다는 것이지만 이 정책의 비용은 인플레이션율이 침체 갭에 반응하여 하락하는 것이 아니라 현재 수준에서 하락하지 않는다는 것이다.($A$점→$C$점)

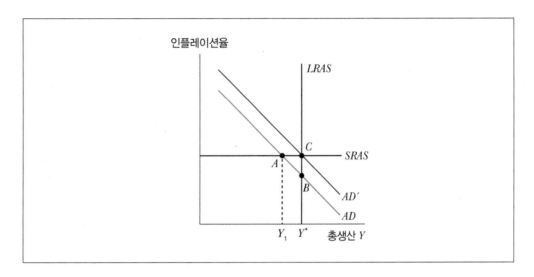

  b. 중앙은행이 목표 인플레이션율을 변화시키지 않고 기존의 통화정책 준칙을 고수한다면 경제는 더 오랜 기간 침체 갭을 갖게 될 것이다. 다시 말하면, 중앙은행이 이자율을 낮추는 정책행동을 하지 않을 때의 비용은 높은 실업률과 낮은 총생산을 더 오랜 기간 겪어야 한다는 것이다. 그러나 시간이 지남에 따라 기업들은 명목가격을 낮추게 되고 $SRAS$곡선이 하방 이동하여 인플레이션율은 하락하게 되고 이것은 $AD$곡선의 오른쪽 아래 부분으로 이동하는 것을 의미한다.($B$점) 결국 경제는 잠재GDP 수준에서 장기균형을 달성하게 되고 문항 a보다 낮은 수준의 인플레이션을 유지할 수 있게 된다.(편익)

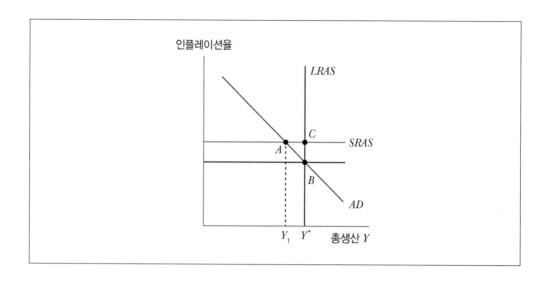

★
09 실질이자율 $r$을 $PAE$식에 대입하면 각 인플레이션율에서 독립지출 수준을 계산할 수 있다. 독립지출은 총생산 $Y$와 관련없는 독립적인 지출 부분이다. 예를 들어 $\pi = 0.0$, $r = 0.02$일 때 독립지출 $= 3,000 - 2,000 \times 0.02 = 2,960$.

단기 균형총생산은 각 인플레이션율에서 $Y = PAE$(단기 균형 조건)로 놓고 $Y$에 대하여 풀면 얻을 수 있다. 예를 들어 $PAE = 2,960 + 0.8Y$ ($\pi = 0.0$, $r = 0.02$)일 때 균형 총생산은

$$Y = 2,960 + 0.8Y$$
$$Y - 0.8Y = 2,960$$
$$0.2Y = 2,960$$
$$Y = 2,960 \times 5 = 14,800$$

나머지 인플레이션율에 대하여도 동일한 방법으로 균형 총생산을 구할 수 있다. 다음 표는 인플레이션율, 실질이자율, $PAE$함수, 독립지출, 균형총생산 수준을 구하여 제시하고 있다.

| 인플레이션율 | 실질이자율 | PAE | 독립지출 | 균형 총생산 |
|---|---|---|---|---|
| 0.00 | 0.02 | $3,000 + 0.8Y - 2,000 \times (0.02)$ $= 2,960 + 0.8Y$ | 2,960 | 14,800 |
| 0.01 | 0.03 | $3,000 + 0.8Y - 2,000 \times (0.03)$ $= 2,940 + 0.8Y$ | 2,940 | 14,700 |
| 0.02 | 0.04 | $3,000 + 0.8Y - 2,000 \times (0.04)$ $= 2,920 + 0.8Y$ | 2,920 | 14,600 |
| 0.03 | 0.05 | $3,000 + 0.8Y - 2,000 \times (0.05)$ $= 2,900 + 0.8Y$ | 2,900 | 14,500 |
| 0.04 | 0.06 | $3,000 + 0.8Y - 2,000 \times (0.06)$ $= 2,890 + 0.8Y$ | 2,880 | 14,400 |

$AD$곡선은 각 인플레이션율에서 중앙은행의 통화정책 반응함수를 고려하여 인플레이션율과 균형 총생산 사이의 관계를 그래프로 표현한 것이다.

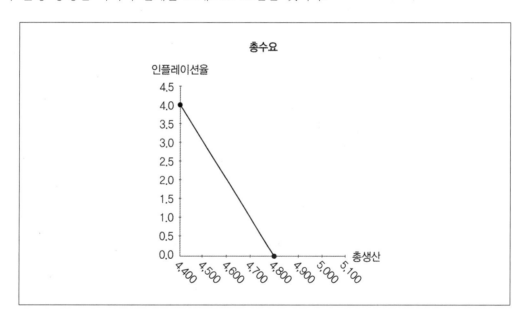

★
10  a. 계획된 총생산($PAE$)은 다음과 같다:

$$PAE = C + I^p + G + NX$$
$$PAE = [1,600 + 0.6(Y - 2,000) - 2,000r] + (2,500 - 1,000r) + 2,000 + 50$$
$$PAE = 4,950 - 3,000r + 0.6Y$$

b. 실질이자율 $r$을 $PAE$ 식에 대입하면 각 인플레이션율에서 독립지출 수준을 계산할 수 있다. 독립지출은 총생산 $Y$에 의존하지 않는 독립적인 지출 부분이다. 예를 들어 $\pi = 0.0,\ r = 0.02$일 때 독립지출 $= 4,950 - 3,000 \times 0.02 = 4,950 - 60 = 4,890$.

단기 균형총생산은 각 인플레이션율에서 $Y = PAE$ (단기 균형 조건)로 놓고 $Y$에 대하여 풀면 얻을 수 있다. 예를 들어 $PAE = 4,890 + 0.6Y (\pi = 0.0,\ r = 0.02)$일 때 균형총생산은

$$Y = 4,890 + 0.6Y$$
$$Y - 0.6Y = 4,890$$
$$0.4Y = 4,890$$
$$Y = 4,890\,/\,0.4 = 12,225$$

아래 표는 인플레이션율, 실질이자율, 독립지출, 각 인플레이션율에서의 균형총생산 수준을 구하여 제시하고 있다.

| 인플레이션율 | 실질이자율 | 독립지출 | 균형총생산 |
|---|---|---|---|
| 0.00 | 0.02 | 4,890 | 12,225 |
| 0.01 | 0.03 | 4,860 | 12,150 |
| 0.02 | 0.04 | 4,830 | 12,075 |
| 0.03 | 0.05 | 4,800 | 12,000 |
| 0.04 | 0.06 | 4,770 | 11,925 |

$AD$ 곡선은 표의 첫 번째 열과 마지막 열로 주어진 인플레이션율과 균형총생산 사이의 관계를 그래프로 표현한 것이다.

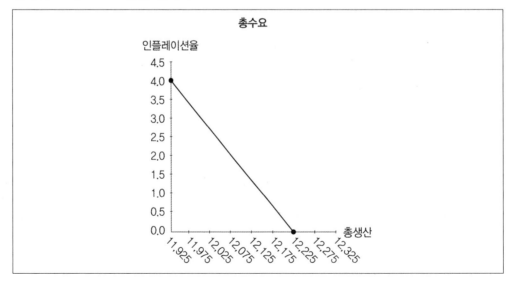

c. 계획된 총지출($PAE$)은 다음과 같다.

$$PAE = C + I^p + G + NX$$
$$PAE = [1,600 + 0.6(Y - 2,000) - 2,000r] + (2,500 - 1,000r) + 2,100 + 50$$
$$PAE = 5,050 - 3,000r + 0.6Y$$

아래 표는 인플레이션율, 실질이자율, 독립지출, 각 인플레이션율에서의 균형총생산 수준을 구하여 제시하고 있다.

| 인플레이션율 | 실질이자율 | 독립지출 | 균형총생산 |
|---|---|---|---|
| 0.00 | 0.02 | 4,990 | 12,475 |
| 0.01 | 0.03 | 4,960 | 12,400 |
| 0.02 | 0.04 | 4,930 | 12,325 |
| 0.03 | 0.05 | 4,900 | 12,250 |
| 0.04 | 0.06 | 4,870 | 12,175 |

$AD$곡선은 표의 첫 번째 열과 마지막 열로 주어진 인플레이션율과 균형총생산 사이의 관계를 그래프로 표현한 것이다. $AD$곡선은 문항 b의 경우에 비해 각 인플레이션율에서 오른쪽으로 250 이동한 것이다. (각 인플레이션율에서 균형총생산이 250 증가) 정부구매의 증가는 총수요를 오른쪽으로 이동시킴을 보여준다.

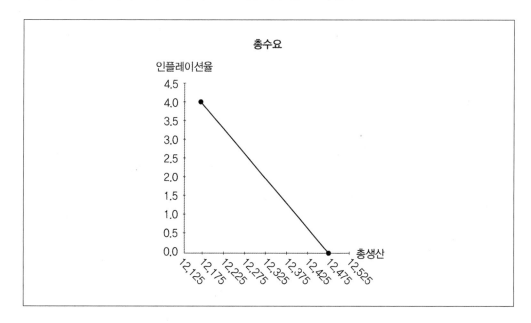

**11** a. 계획된 총지출($PAE$)은 다음과 같다:

$$PAE = C + I^p + G + NX$$
$$PAE = [1,600 + 0.6(Y - 2,000) - 2,000r] + (2,500 - 1,000r) + 2,000 + 50$$
$$PAE = 4,950 + 0.6Y - 3,000r$$

실질이자율 $r$을 $PAE$식에 대입하면 각 인플레이션율에서 독립지출 수준을 계산할 수 있다. 독립지출은 총생산 $Y$에 의존하지 않는 독립적인 지출 부분이다. 예를 들어 $\pi = 0.0, r = 0.04$일 때 독립지출 $= 4,950 - 3,000 \times 0.04 = 4,950 - 120 = 4,830$.

단기 균형총생산은 각 인플레이션율에서 $Y = PAE$(단기 균형 조건)로 놓고 $Y$에 대하여 풀면 얻을 수 있다. 예를 들어 $PAE = 4,830 + 0.6Y$일 때 균형 총생산은

$$Y = 4,830 + 0.6Y$$
$$Y - 0.6Y = 4,830$$
$$0.4Y = 4,830$$
$$Y = 4,830 / 0.4 = 12,075$$

나머지 인플레이션율에 대하여도 동일한 방법으로 균형총생산을 구할 수 있다. 아래 표는 인플레이션율, 실질이자율, 독립지출, 각 인플레이션율에서의 균형총생산 수준을 구하여 제시하고 있다.

| 인플레이션율 | 실질이자율 | 독립지출 | 균형총생산 |
| --- | --- | --- | --- |
| 0.00 | 0.04 | 4,830 | 12,075 |
| 0.01 | 0.045 | 4,815 | 12,038 |
| 0.02 | 0.05 | 4,800 | 12,000 |
| 0.03 | 0.055 | 4,785 | 11,963 |
| 0.04 | 0.06 | 4,770 | 11,925 |

$AD$곡선은 표의 첫 번째 열과 마지막 열로 주어진 인플레이션율과 균형총생산 사이의 관계를 그래프로 그리면 된다.

b. 다음 표는 새로운 통화정책 반응함수에 따라 각 인플레이션율에서 설정되는 낮아진 실질이자율, 독립지출, 균형총생산을 계산하여 보여주고 있다. 각 인플레이션율에서 독립지출은 15 증가하였으며 균형총생산은 38 증가하였다.

| 인플레이션율 | 실질이자율 | 독립지출 | 균형총생산 |
|---|---|---|---|
| 0.0 | 0.035 | 4,845 | 12,113 |
| 0.01 | 0.040 | 4,830 | 12,075 |
| 0.02 | 0.045 | 4,815 | 12,038 |
| 0.03 | 0.050 | 4,800 | 12,000 |
| 0.04 | 0.055 | 4,785 | 11,963 |

이것은 각 인플레이션율에서 $AD$ 곡선이 오른쪽으로 38 이동하였음을 의미하며 중앙은행의 통화정책 반응함수의 변화가 총수요를 이동시킴을 보여준다. 중앙은행이 인플레이션에 대하여 더 "완화적"이 된 것이며 각 인플레이션율 수준에서 더 낮은 실질이자율을 설정하여 $AD$ 곡선이 오른쪽으로 이동하게 되는 것이다.

# 제27장 환율과 개방경제

## 복습문제

**01** 1달러는 110엔이나 10페소와 교환될 수 있다. 따라서 110엔 = 10페소. 엔-페소 환율은 11엔/페소 또는 1 / 11페소 / 엔(0.09페소 /엔)으로 표현될 수 있다.

**02** 명목환율은 두 통화가 서로 교환되는 비율이다. 실질환율은 외국재화와 국내재화가 서로 교환되는 비율이다. 더 정확히 말하면 실질환율은, 가격들이 공통된 통화의 항목으로 표시되었을 때, 평균적인 국내 재화 및 서비스의 가격에 대한 평균적인 외국 재화와 서비스의 가격이다. 실질환율에 대한 공식은 $eP^f/P$이며 여기에서 $e$는 명목환율(외국 통화 1단위당 국내통화 교환비율), $P^f$는 외국의 물가수준, $P$는 국내 물가수준이다. 공식이 보여주듯이 명목환율 $e$의 상승은 다른 조건이 일정할 때 실질환율을 상승시키는 경향이 있다. 실질환율은 외국 재화 및 서비스가 국내 재화 및 서비스에 비하여 얼마나 비싼가를 말해주기 때문에 한 나라가 수출하는 능력에 직접적으로 영향을 줄 수 있는 환율의 개념이다. 위 실질환율 개념에서 판단하면, 실질환율이 높아질 때 외국 재화 및 서비스의 가격이 국내 재화 및 서비스에 비해 비싸지는 것을 의미한다.

**03** 일물일가의 법칙이 원유에 적용될 가능성은 높다. 원유의 가격에 비해 수송비용이 상대적으로 낮은 편이고 표준화된 재화이기 때문이다. 신선한 우유는 부패 가능성이 장거리 수송비용을 높이기 때문에 아마도 일물일가의 법칙이 성립하기 어렵다. 택시 승차도 국제적으로 교역재가 되기 어려우므로 일물일가의 법칙이 성립하기 어렵다. 지역의 가수가 녹음한 CD 생산물은 표준화된 재화가 아니기 때문에 일물일가의 법칙이 성립하기 어렵다.

**04** 한국 가계는 외국의 재화, 서비스, 자산들을 구입하기 위해 필요한 외국 통화, 특히 달러를 수요한다. 마찬가지로 외국인들은 한국의 재화, 서비스, 자산들을 구입하기 위해 달러를 원화로 교환하려고 한국 외환시장에 달러를 공급한다.

**05** 확장적 통화정책은 실질이자율을 낮추고 이것은 외국 투자자들에게 국내 금융자산의 매력을 떨어뜨린다. 외국인들의 국내통화에 대한 수요가 감소하고(그들은 이전보다 국내 자산을 덜 구입하려 한다) 따라서 국내 통화의 가치는 하락한다(depreciation, 가치하락). 가치하락은 외국 재화와 서비스에 비해 국내 재화와 서비스를 저렴하게 만들어 순수출을 증가시킨다. 순수출의 증가는 총수요를 증가시켜, 총생산과 고용에 대한 확장적 통화정책의 효과를 강화시킨다. 일반적으로 변동환율제에서 환율의 변화는 통화정책의 긴축이나 확장의 효과를 확대시킨다.

**06** 환율(₩/$)이 고평가되었다(또는 국내 통화가 고평가된 환율)는 말은 고정환율제에서 공식환율이, 외환시장에서의 수요와 공급에 의해 결정되는 기초가치(fundamentals)를 반영한 시장균형환율보다 낮을 때를 의미한다. 환율이 고평가되었을 때 취할 수 있는 방법에는 평가절하(devaluation), 무역 및 자본이동 규제, 외환보유고를 이용하여 국내 통화에 대한 초과공급(또는 외국 통화에 대한 초과수요)을 매입하는 방법, 국내 통화에 대한 기초가치를 상승시키기 위해 수축적 통화정책을 통하여 이자율을 높이는 방법 등이 있다. 평가절하의 방법은 통화에 대한 기초가치의 변화에 따라 환율을 변동시키는 것이 바로 변동환율제이기 때문에 평가절하가 자주 일어난다면 고정환율제보다는 변동환율제에 가까워지게 된다. 무역 및 자본이동에 대한 규제는 경제적 효율과 경제성장을 위해서는 바람직하지 않다. 외환보유고를 사용하여 초과공급을 해소하는 방법은 외환보유고가 고갈될 때까지만 가능한 방법이며 투기적 공격의 대상이 될 수 있다. 통화정책을 사용하여 고평가를 해소하는 방법이 가장 나은 방법이기는 하지만 통화정책이 고정환율을 유지하기 위해 사용된다면 총생산 및 고용을 안정화시키는 안정화정책 수단으로서는 더 이상 사용될 수 없다는 단점이 있다.

**07** <그림 27.7>을 보자. 투기적 공격에서 금융투자자들은 국내 통화 표시 자산들을 매각하고 매각대금으로 받은 국내 통화를 외국 통화로 바꾸기 위해 외환시장에서 외국 통화를 수요하고 국내 통화를 공급한다. 따라서 외국 통화에 대한 수요곡선은 크게 오른쪽으로 이동하게 된다. 고정환율을 유지하기 위해서 중앙은행은 외환보유고를 사용하여 급격하게 늘어난 외국 통화에 대한 초과수요를 해소시켜야 한다. 그리하여 외환보유고가 더 빨리 고갈된다. 중앙은행의 외환보유고가 크게 낮아져 더 이상 국내 통화 가치를 지지할 수 없게 되면 국내 통화에 대한 평가절하를 시행할 수밖에 없게 된다.

**08** 복습문제 5번에서 논의한 바와 같이 변동환율제에서 환율의 변동은 총생산을 안정화시키는 통화정책의 효과를 강화하는 경향이 있다. 예를 들어, 수축적인 통화정책은 실질이자율을 상승시키고 국내자산들을 외국투자자들에게 더 매력적이게 만든다. 그 결과 국내통화에 대한 수요가 증가하여 국내통화의 가치가 상승하고 이것은 국내 생산자들의 수출을 더 어렵게 만든다. 순수출의 감소는 총생산에 대한 수축적인 통화정책의 음의 효과를 강화시킨다. 반면에 고정환율제에서 통화정책은 환율의 시장균형 가치를 공식환율 가까이에 유지하는 데 이용되어야 하므로 더 이상 안정화정책의 용도로 사용될 수 없다.

변동환율은 외환시장에서의 수요와 공급의 변화에 따라 시시각각 변동하기 때문에, 단기에서는 고정환율제가 변동환율제보다 더 예측가능하다고 할 수 있다. 그러나 고정환율제에서는 통화가 주기적인 투기적 공격의 대상이 되기 때문에 통화가치의 큰 변화가 나타날 수도 있다. 따라서 장기에서는 현재 고정환율제에서 환율이 고정되어 있다고 하더라도 변동환율제에서보다 미래 환율이 더 예측 가능한 것은 아닐 수도 있다.

**01** 교과서 본문의 <표 27.1>로부터 $1의 가치는 ₩1,210.60과 같고 또 ¥1은 ₩11.3581과 가치가 같다. 다른 방법으로 표현하면 ₩1은 $0.0008260 또는 ¥0.08804와 가치가 동일하다. 따라서 $0.0008260 = ¥0.08804.

　　양변을 0.0008260으로 나누면 $1는 ¥106.5847과 같다는 것을 알 수 있다. 따라서 환율은 106.5847¥ / $이다. 다른 방법은 양변을 0.08804로 나누면 0.009382$ / ¥의 환율을 구할 수 있다. (물론 106.5847의 역수를 구하면 동일한 결과를 얻는다.)

　　달러의 원화에 대한 가치가 10% 상승하면 $0.0008260으로 1.10을 구입할 수 있다. 따라서 $/₩ 환율은 이제 0.0008260 / 1.10 = 0.0007509$/₩가 된다. $0.0007509를 ¥0.08804과 같게 놓으면 0.08804 / 0.0007509 = 117.2432¥/$ 또는 0.0007509 / 0.08804 = 0.008529$/¥의 환율을 구할 수 있다.

**02** 원화 단위로 영국산 자동차는 (£20,000)(₩1,500 / £ ) = ₩30,000,000이다. 영국산 자동차 대비 한국산 자동차의 가격은 ₩26,000,000 / ₩30,000,000 = 0.867, 즉 한국산 자동차가 더 저렴하다. 영국의 관점에서 한국산 자동차의 파운드 가격은 ₩26,000,000 / (₩1,500 / £) = £17,333.33이다. 한국산 자동차 대비 영국산 자동차의 가격은 £20,000 / £17,333.33 = 1.154(이것은 1 / 0.867과 같다)이다. 따라서 어떤 방법으로 계산하더라도 영국산 자동차가 더 비싸고 한국산 자동차가 더 가격경쟁력이 있다. 여러분은 이 문제를 실질환율에 대한 공식 $\dfrac{eP^f}{P}$를 적용하여 풀 수도 있다. 그러나 공식을 각 나라에 적용할 때에는 주의를 기울여야 한다. 영국에 대하여 명목환율은 파운드당 원화의 교환액수이고 실질환율(영국 자동차 1대와 교환되는 한국 자동차 대수)은,

$$\frac{e \cdot P^f}{P} = (₩1,500 / £) \times (£20,000) / ₩26,000,000 = 1.154$$

으로 구해진다. 한국 자동차 1대와 교환되는 영국 자동차 대수로 정의되는 실질환율을 구하면,

$$₩26,000,000 / [(₩1,500 / £) \times (£20,000)] = 0.867$$

따라서 어느 방법을 이용하더라도 한국의 자동차가 영국의 자동차에 비해 저렴하여 가격경쟁력이 있다고 계산된다.

**03** 1블루의 가치는 작년과 올해에 2레드와 같았으므로 (작년에 1블루는 ₩1,000, 1레드는 ₩500, 올해에 1블루는 ₩900, 1레드는 ₩450이므로) 명목환율이 0.5블루 / 레드로 변화가 없었다. 실질환율은 $eP^f/P$이다. 블루랜드의 관점에서 작년에 $e = 0.5$블루 / 레드, $P^f = 100, P = 100$이라고 하면 실질환율은 $0.5 \times 100 / 100 = 0.5$이다. 즉, 레드랜드 재화 1단위당 블루랜드 0.5단위가 교환되었다. 올해에는 $e = 0.5$블루 / 레드, $P^f = 105, P = 110$이므로 실질환율은 $0.5 \times 105 / 110 = 0.477$이 된다. 즉 레드랜드 재화 1단위당 블루랜드 재화 0.477단위가 교환된다. 따라서 블루랜드의 실질환율은 작년에 비해 약 4.55% 감소하였으며 이는 레드랜드 1단위당 교환되는 블루랜드의 재화 단위가 감소하여 블루랜드의 재화가 레드랜드의 재화에 비싸진 것이므로 블루랜드의 수출에 해가 될 것이고 레드랜드의 수출에 도움이 된다.

**04** a. 한 나라의 실질환율을 교과서의 본문에서처럼 외국 재화 1단위와 교환되는 국내 재화의 단위로 정의하면 재화의 가격이 공통의 화폐단위로 표시되었을 때 국내산 재화 가격 대비 외국산 재화 가격으로 표시된다. 따라서 미국의 자동차 가격은 $25,000, 한국의 자동차 가격은 $20,000( = ₩20,000,000 / (1,000₩/$))이므로 실질환율($eP^f/P$)은 0.8이다. 즉, 미국 자동차 1대와 한국 자동차 0.8대가 교환되고 있다.

미국에서 한국산 자동차에 대한 수요가 아래 식과 같이 주어졌으므로 명목환율(₩/$ = 1,000)을 이용하여 한국차의 달러가격을 구하여 대입하면 미국 시장에 대한 한국산 자동차의 판매량을 구할 수 있다

$$D_{Korea} = 20,000 - 0.1 \times (₩20,000,000 / (1,000₩/$))$$
$$= 20,000 - 2,000 = 18,000$$

마찬가지로 미국산 자동차의 한국에서의 수요도 구할 수 있다.

$$D_{US} = 20,000 - 0.0002 \times ($25,000 \times (1,000₩/$))$$
$$= 20,000 - 5,000 = 15,000$$

한국의 자동차 순수출 = 미국에 대한 한국의 자동차 수출 − 미국으로부터의 한국의 자동차 수입 = 18,000 − 15,000 = 3,000.

한국의 미국에 대한 자동차 순수출은 3,000대이다.

b. 문항 a와 동일한 방법으로 계산하면

$$D_{Korea} = 20,000 - 0.1 \times (\text{\W}20,000,000 / (1,250\text{\W}/\$))$$

$$= 20,000 - 1,600 = 18,400$$

$$D_{US} = 20,000 - 0.0002 \times (\$25,000 \times (1,250\text{\W}/\$))$$

$$= 20,000 - 6,250 = 13,750$$

한국의 자동차 순수출 = 미국에 대한 한국의 자동차 수출－미국으로부터의 한국의 자동차 수입 = 18,400 － 13,750 = 4,650. 즉 명목환율이 달러당 ₩1,000원에서 ₩1,250원으로 상승하였을 때 미국에 대한 한국의 자동차 수출이 증가하고 미국으로부터의 한국의 자동차 수입은 감소하여 한국의 자동차 순수출(대수)은 증가하게 된다.

실질환율을 구해보면 미국의 자동차 가격은 $25,000, 한국의 자동차 가격은 $16,000( = ₩20,000,000 / (1,250₩/$))이므로 실질환율($eP^f/P$)은 0.64이다. 즉, 미국 자동차 1대와 한국 자동차 0.64대가 교환되고 있어 한국 자동차 가격이 미국에 비해 저렴해져 가격경쟁력이 높아진다. 이와 같이 다른 모든 조건이 일정할 때 명목환율의 상승(국내 통화 가치의 하락)은 국내 재화의 가격경쟁력을 높여 수출이 증가하게 된다. (한 가지 주의할 점은 자동차의 순수출 대수는 증가하지만 순수출액은 항상 증가하지 않으며 각 시장의 가격변화에 따른 수요 변화에 따라 달라진다. 예를 들어 위와 같은 경우에 한국산 미국 내 자동차 판매량(수출)은 18,000대에서 18,400대로 증가하였지만 달러 표시 한국산 자동차 가격은 $20,000에서 $16,000으로 크게 하락하게 된다. 반면 미국산 자동차의 한국 판매량(수입)은 15,000대에서 13,750대로 크게 감소하지만 한국 내 판매가격은 2,500만원에서 3,125만원으로 크게 상승하게 되어 순수출액은 감소하는 결과를 보인다.)

05  a. 일물일가의 법칙에 기초한 구매력평가(PPP)이론은 수송비용이 상대적으로 작다면 국제적으로 거래되는 재화의 가격은 모든 지역에서 동일하여야 한다는 것이다. 따라서 한 국가의 통화로 표시된 재화의 가격과 다른 나라의 통화로 표시된 재화의 가격을 같게 놓으면 PPP이론이 의미하는 명목환율을 구할 수 있다. 온스당 금의 가격을 이용하여 달러당 페소 환율을 구하면

$350 = 2,800페소, 즉 $1 = 8페소(2,800 / 350).

b. 멕시코가 인플레이션을 겪어 금 가격이 4,200페소로 상승하였고 미국의 금은 온스당 여전히 $350이라면 새로운 명목환율은 $1 = 12페소(4,200 / 350)이 된다. PPP이론에 따르면 높은 인플레이션을 겪는 나라들의 통화는 가파르게 가치가 하락(depreciation)하는 경향이 있다.

c. 문항 b의 답을 이용하면 PPP이론이 의미하는 환율은 $1 = 12페소(4,200 / 350). 만약 원유 가격이 미국에서 배럴당 $30이라면 일물일가의 법칙에 따르면 원유 가격은 멕시코에서 배럴당 360페소($30 × 12페소 / $)가 될 것이다.

d. 미국과 캐나다의 환율이 1캐나다 달러 = 0.70미국 달러라면 1미국 달러 = 1 / 0.7캐나다 달러임을 쉽게 알 수 있다. 이것은 350미국 달러 = 350 / 0.7 = 500캐나다 달러임을 의미한다. 따라서 캐나다에서 1온스의 금은 500캐나다 달러이어야 한다.

**06** a. 한국 주식이 더 위험한 금융투자라고 인식된다면 한국 주식의 매력이 감소하여 한국 주식에 대한 수요가 감소하고 따라서 원화에 대한 수요(또는 외화 공급)가 감소한다. 원화의 가치는 하락한다.

b. 한국산 제품(소프트웨어)에 대한 수요가 감소하여 원화에 대한 수요(또는 외화 공급)가 감소할 것이다. 따라서 원화의 가치는 하락한다.

c. 국제적인 금융투자자들이 한국을 포함한 동아시아 자산으로 자금을 이동하여 외환시장에서 동아시아 통화(원화 포함)를 얻기 위해 달러의 공급을 증가시킨다. 달러의 가치는 하락하고 원화의 가치는 상승한다.

**07** 프랑스 샴페인 한 병이 20유로라면
a. 샴페인의 유로 가격을 명목환율로 나누어 달러 가격으로 전환할 수 있다.

$$\frac{20유로}{0.8유로/달러} = 25달러$$

b. 문항 a와 동일한 방법을 적용하면

$$\frac{20유로}{1유로/달러} = 20달러$$

로 구할 수 있다. 달러의 가치가 상승함에 따라 수입재는 미국에서 저렴해진다는 것을 알수 있다.

c. 유로 − 달러의 환율이 상승함에 따라 더 많은 달러가 외환시장에 공급될 것이다. 이것은 외환시장에서 공급곡선의 성질이다. 외국의 재화, 서비스, 자산을 구입하려고 외국통화를 얻기 위해 외환시장에 달러를 더 많이 공급하게 된다.

**08** 애플의 아이팟이 $240라면
  a. 아이팟의 달러 가격에 명목환율을 곱하여 유로 가격을 구할 수 있다.
$$240달러 \times 1유로/달러 = 240유로$$

  b. 문항 a와 동일한 방법을 적용하면
$$240달러 \times 0.8유로/달러 = 192유로$$
  로 구할 수 있다.

  c. 유로 − 달러의 환율이 하락함에 따라 프랑스 사람의 아이팟 구입이 증가할 것이고 더 많은 달러가 외환시장에서 수요될 것이다. 이것은 미국 외환시장에서 수요곡선의 성질이다: 미국의 재화, 서비스, 자산을 구매하려고 해외로부터 달러에 대한 수요가 증가한다.

**09** 중앙은행이 확장적 통화정책을 시행할 때 이자율을 낮출 것이며 이러한 정책은 국내 통화의 공급을 증가시켜 국내통화가치의 하락을 가져온다. 이러한 정책의 긍정적인 효과는 통화약세를 통하여 수출이 증가할 수 있다는 것이다.

**10** a. 시장균형환율은 수요와 공급을 일치시키는 환율을 구하면 된다.
  즉 $D = S$로 놓고 그 식을 만족하는 $e$를 구하면
$$30,000 - 8,000e = 25,000 + 12,000e$$
$$e = 0.25$$

b. 환율이 미국 달러당 0.20쉐켈로 고정되어 있다면 문항 a에서 구한 시장균형환율에 비해 낮기 때문에 쉐켈은 고평가되어 있다. 즉 공식환율이 달러당 0.20쉐켈일 때 달러에 대한 수요는 28,400이고 달러에 대한 공급은 27,400이므로 1,000의 초과수요가 존재한다. 공식환율을 유지하기 위해 이 나라의 중앙은행은 외환시장의 수요와 공급을 일치시키려고 매기 $1,000를 매각하여야 한다. 국제수지는 달러 항목으로 $1,000의 적자가 된다. 고평가된 고정환율을 가진 나라는 매기 달러에 대한 초과수요를 해소하기 위해 외환보유고를 사용하기 때문에 시간이 지남에 따라 외환보유고가 감소하게 된다.

c. 환율이 미국 달러당 0.30쉐켈로 고정되어 있다면 문항 a에서 구한 시장균형환율에 비해 높기 때문에 쉐켈은 저평가되어 있다. 즉 공식환율이 달러당 0.30쉐켈일 때 달러에 대한 수요는 27,600이고 달러에 대한 공급은 28,600이므로 1,000의 초과공급이 존재한다. 공식환율을 유지하기 위해 이 나라의 중앙은행은 외환시장의 수요와 공급을 일치시키려고 매기 $1,000를 매입하여야 한다. 국제수지는 달러 항목으로 $1,000의 흑자가 지속된다. 저평가된 고정환율을 가진 나라는 매기 달러에 대한 초과공급을 해소하기 위해 달러를 매입하여 외환보유고를 증가시키고 자국 통화를 발행하게 된다. 저평가된 국가에서는 외환보유고 고갈의 위험은 없고 반면에 외환보유고가 지속적으로 증가하게 된다.

**11** a. 외환시장에서 쉐켈과 달러 사이의 시장균형환율은 달러에 대한 수요와 공급을 균형시키는 수준으로서 위의 10번 문항 a에서 계산한 것처럼 $e = 0.25$이다. 따라서 공식적인 고정환율 0.20은 쉐켈이 고평가되었음을 의미한다.

이 나라의 외환시장에서 공식환율이 $e = 0.20$일 때 달러에 대한 수요는 28,400이고 달러에 대한 공급은 27,400이므로 1,000의 초과수요가 존재한다. 따라서 중앙은행은 초과수요 $1,000를 해소하기 위해 외환보유고 $1,000를 사용하여 외환시장에 달러를 매각하여야 한다. 이것은 국제수지 적자를 의미한다. 올해에는 총 외환보유고 $1,500 중에서 $1,000를 사용하게 되어 외환보유고가 $500로 감소하게 된다. 외국의 금융투자자들이 이 나라의 요구불예금으로 가지고 있는 5,000쉐켈을 달러로 환전하지 않는 전제 아래 올해에는 달러당 0.20쉐켈이 유지될 수 있다. 그러나 다음 해에는 달러당 0.20 쉐켈을 유지할 수 있는 외환보유고가 부족하게 되어 유지하기 어렵다.

b. 외국의 금융투자자들이 달러당 0.25쉐켈의 환율로 쉐켈의 평가절하 가능성을 우려하게 되면 쉐켈 표시 자산들을 매각하게 된다. 평가절하는 국내통화로 표시된 자산의 달러 가치가 갑자기 하락한다는 것을 의미하기 때문에 평가절하가 발생할 가능성이 있다고 판단하면 바로 쉐켈로 표시된 자산을 매각해버리는 것이다. 다시 말하면 쉐켈 표시 자산을 매각하여 달러로 환전하기 때문에 외국인들이 가지고 있었던 5,000쉐켈의 요구불 예금을 공식환율인 0.20로 적용하면 $1,000를 수요하게 된다.

c. 외국 투자자들이 요구불예금에서 모든 자금을 빼서 모든 쉐켈을 달러로 환전하려고 한다면 현재의 0.20쉐켈／달러 공식환율에서 추가적으로 $1,000의 달러 수요가 발생한다. 이 결과 올해에 이 나라의 모든 외환보유고는 공식환율을 유지하기 위한 외환보유고 사용으로 $1,000가 감소하였고 추가적으로 $1,000 수요가 발생하면 외환보유고는 모자라게 된다. 따라서 올해 당연히 평가절하가 발생할 수밖에 없는데 그 이유는 0.20의 공식환율에서 발생하는 달러에 대한 초과수요(쉐켈 표시 요구불예금을 달러로 환전하는 수요를 합치면)를 맞출 외환보유고가 없기 때문이다.

d. 외국 투자자들이 평가절하를 우려하게 되어 쉐켈 표시 자산을 매각하고 달러로 전환하는 행동을 취하면 실제로 평가절하가 이루어지는 원인이 된다. 즉 평가절하의 예상이 바로 평가절하로 이어지므로 이를 "자기실현적 예언"이라고 일컫는다.